全过程工程咨询系列培训教材

建设项目全过程设计管理

中新创达咨询有限公司　组织编写

杨明宇　李建光　主编

徐希萍　主审

中国建筑工业出版社

图书在版编目（CIP）数据

建设项目全过程设计管理 / 杨明宇，李建光主编；
中新创达咨询有限公司组织编写. — 北京：中国建筑工
业出版社，2020.6（2024.2重印）
全过程工程咨询系列培训教材
ISBN 978-7-112-25044-8

Ⅰ．①建… Ⅱ．①杨… ②李… ③中… Ⅲ．①基本建
设项目—工程项目管理—技术培训—教材 Ⅳ．①F284

中国版本图书馆 CIP 数据核字（2020）第 067512 号

本书旨在提供服务于全过程工程咨询的设计管理，重在与传统的单独
发包设计进行区别，书中内容依然匹配于当前的设计和管理。本书主要内
容为：建设项目全过程设计管理概述，建设项目全过程设计管理的内容，
新建建筑工程的全过程设计管理，建筑改造工程的全过程设计管理，装配
式建筑工程的全过程设计管理，其他专项设计管理服务和信息化技术在全
过程设计中的应用。

本书适合从事工程建设咨询、设计、施工、管理等工程技术人员和管
理人员学习参考，也可供高校相关专业师生参考。

责任编辑：杨　允
责任校对：赵　菲

全过程工程咨询系列培训教材
建设项目全过程设计管理
中新创达咨询有限公司　组织编写
杨明宇　李建光　主编
徐希萍　主审
*
中国建筑工业出版社出版、发行（北京海淀三里河路9号）
各地新华书店、建筑书店经销
北京科地亚盟排版公司制版
建工社（河北）印刷有限公司印刷
*
开本：787毫米×1092毫米　1/16　印张：8¼　字数：198千字
2021年7月第一版　　2024年2月第二次印刷
定价：**29.00**元
ISBN 978-7-112-25044-8
（35836）

《建设项目全过程设计管理》编写人员

主　审　徐希萍
主　编　杨明宇　李建光
副主编　申秀乾　从常全　董高峰　王　瑞　张　波　高腾飞
　　　　李国选
参编人员　葛　磊　张清晓　贾承辉　马　玲　商海萍　刘　涛
　　　　郭栖桐　司亚蔚　王　华　马艳伟　徐卫东

审核专家　黄海荣　孙海玲　王　辉　宋海威　王　俊　杨永卿
　　　　王恒莹　李国权　葛　群　丁　东　王森林　郭　赟
　　　　王　伟　卜战杰　谷春华

前　　言

2017 年 2 月《国务院办公厅关于建筑业持续健康发展的意见》（国办发〔2017〕19 号）文件的出台，提出"在民用建筑中，充分发挥建筑师的主导作用，鼓励提供全过程工程咨询服务"。设计贯穿建设项目实施的全过程，决定了项目决策阶段的各项目标是否能有效落地，是需求管理、投资控制的关键环节。

中新创达咨询有限公司作为河南省全过程工程咨询技术创新战略联盟的牵头单位，在全过程咨询理论研究和实践探索中，编制了《全过程工程咨询概论》等系列教材、研发了全过程工程咨询软件平台。为科学指导建设单位和工程咨询企业开展全过程设计管理工作，中新创达咨询有限公司、河南工业大学、郑州工程技术学院、郑州市建筑设计院、匠人国际建筑规划设计顾问公司等共同编制了《建设项目全过程设计管理》一书。

本书由杨明宇、李建光主编，徐希萍主审。第 1 章由中新创达咨询有限公司董高峰和河南四建集团股份有限公司徐卫东编写；第 2 章由河南工业大学王瑞和郑州工程技术学院郭栖桐编写；第 3 章由河南建鼎工程管理有限公司商海萍、河南省建设工程施工图审查中心有限公司申秀乾、匠人国际建筑规划设计顾问公司从常全和马艳伟、河南四建集团股份有限公司徐卫东编写；第 4 章由郑州市建筑设计院张波和张清晓、河南省建筑科学研究院有限公司刘涛和王华、河南工业大学李建光编写；第 5 章由南京市建筑设计研究院有限公司葛磊和马玲编写；第 6 章由河南工业大学杨明宇、中新创达咨询有限公司高腾飞编写；第 7 章由河南楷林置业有限公司李国选和司亚蔚编写；附录由河南省人民医院基建科贾承辉编写。

本书作为全过程工程咨询系列教材之一，针对设计管理在全过程工程咨询中的作用和功能设定，理论联系实际，既是对《全过程工程咨询概论》（已于 2018 年 7 月出版）的深化，也是从专业的角度，给建设单位和全过程咨询企业提供了实际操作指导。其有别于原有的设计工作，将设计管理贯穿到项目建设全过程，形成设计主导全过程工程咨询服务，也为设计单位转型升级、增强企业综合实力提供建设方案。

本书旨在服务于全过程工程咨询的设计管理，与传统的单独发包设计进行区别，但书中内容依然匹配于当前的设计规范和标准。当然，在日新月异的信息化发展浪潮中，各行各业都在拥抱新技术、革新旧管理、探索新模式。

正如住房和城乡建设部原总工程师王铁宏为《全过程工程咨询概论》一书作序中所述："推行全过程工程咨询服务是深化我国工程建设项目组织实施方式改革，提高工程建设管理水平，提升行业集中度，走内涵式发展的重要措施，同时也是我国勘察、设计、施工、监理企业调整经营结构，谋划转型升级，增强综合实力，加快与国际建设管理服务方式接轨，服务于国际"一带一路"倡议的必然要求。""新时代呼唤新英雄……全过程工程咨询服务行业正在呼唤产生一大批专家（单位和个人），更呼唤产生一大批大家（单位和个人）！我们期待着。"

目　　录

第1章 建设项目全过程设计管理概述

1.1 建设项目全过程工程咨询概述

1.1.1 国内外工程咨询发展回顾

（1）国外工程咨询发展回顾

概括来讲，国外工程咨询业自 19 世纪中叶开始。国际工程咨询业的发展经历了三个阶段。

个人咨询阶段：19 世纪 90 年代，美国建筑师梅斯丁成立了一个土木工程协会，独立承担从土木工程建设中分离出来的技术业务咨询，标志着个人咨询阶段的开始。

合伙咨询时期：20 世纪，个体咨询已逐步从土木工程扩展到工业、农业、交通等领域，咨询形式也由个人咨询转向合伙咨询。

综合发展时期：第二次世界大战以后，工程咨询从专业咨询发展到综合咨询，从单纯的技术咨询发展到战略咨询、管理咨询等。咨询市场由国内扩展到国际，出现了一大批国际工程咨询公司，如美国的 AECOM（艾奕康）设计集团，JACOBS 工程集团公司，美国福陆公司（FLUOR）等。

目前，咨询业主要有综合咨询机构和专业咨询机构。综合咨询机构配备有各类专业的咨询人员，需在人力上投入大量资金。中小型咨询机构结合自身的专业优势按照分工协作的方式来提供专业化领域精品咨询服务。

（2）国内工程咨询发展回顾

建国初期，我国投资决策体制沿用苏联模式，在较短的时间内覆盖各工程行业的专业技术人员，奠定了我国工程咨询业的基础，初步形成了主要围绕项目建设前期工作的工程咨询服务体系。

改革开放以来，随着经济体制改革和实行对外开放，我国在 20 世纪 80 年代加强了工程项目建设管理。为适应这一需要，中央到地方成立了各种专业性和综合性的工程咨询公司。1982 年，原国家计委组建中国国际工程咨询公司，1983 年 2 月正式颁布了《关于建设项目进行可行性研究的试行管理办法》（计资〔1983〕116 号），将可行性研究正式纳入工程建设基本程序中，并对可行性研究相关内容做了详细规定。随后各省、自治区、直辖市、计划单列市相继成立了由计委归口管理的 41 家省级工程咨询公司。1985 年，我国又决定对项目实行"先评估、后决策"的制度，规定大中型重点建设项目和限额以上技术改造项目都必须经过有资格的咨询公司的评估。这一时期，承担工程咨询服务的主要有勘察设计单位和工程咨询单位两类企业，主要承担政府工程项目前期可行性研究、建设方案论证和技术经济评估等工作。

20 世纪 90 年代以来，随着我国社会主义市场经济体制的逐步确定，政府管理经济及社会配置资源的方式发生变化，国家投资体制改革进程加快，我国工程咨询的产业化进程加快，工程咨询市场逐步发育，行业管理趋于规范。1992年，国家产业政策明确把工程咨询纳入服务业，标志着中国工程咨询行业正式确立。1994年，《工程咨询业管理暂行办法》颁布，工程招投标制度和建设监理制度逐步推行和完善，工程监理、造价咨询、技术顾问等不同专业的中介服务组织应运而生，中国的工程咨询市场也日益壮大。

2003年建设部发布的《关于培育发展工程总承包和工程项目管理企业的指导意见》和2004年发布的《建设工程项目管理试行办法》中明确提出了全过程咨询服务的概念，但限于我国当时的市场模式，一直未能开展真正意义上的全过程咨询服务。

2016年，住房和城乡建设部发布的《关于进一步推进工程总承包发展的若干意见》中明确提到：在工程总承包项目上应加强全过程的项目管理，建设单位可以自行对项目进行管理，也可以委托项目管理单位对建设项目进行全过程管理。

2017年2月，《国务院办公厅关于促进建筑业持续健康发展的意见》（国办发〔2017〕19号）文件出台，首次清晰地提出"全过程工程咨询"概念。2017年5月，住房和城乡建设部在全国开展试点，选择北京、上海、江苏、浙江、福建、湖南、广东、四川8省（市）以及中国建筑设计院有限公司等40家企业试点开展全过程工程咨询（建市〔2017〕101号）。2017年7月，住房和城乡建设部《关于促进工程监理行业转型升级创新发展的意见》（建市〔2017〕145号）明确对于选择具有相应工程监理资质的企业开展全过程工程咨询服务的工程，可不再另行委托监理，为监理转型指明方向，提供政策支持。随后广西和陕西先后申请并批复为全过程工程咨询试点省份。

2018年3月，住房和城乡建设部发布了《关于征求推进全过程工程咨询服务发展的指导意见（征求意见稿）和建设工程咨询服务合同示范文本（征求意见稿）意见的函》（建市监函〔2018〕9号）。各试点省（市）亦从不同层面相继出台了相关政策、试点方案，明确试点企业和试点项目等内容。如：上海市住房和城乡建设管理委员会发布了《关于进一步加强本市建设工程项目管理服务的通知》；江苏省住房和城乡建设厅下发的《关于推进工程建设全过程项目管理咨询服务的指导意见》中提倡培养全过程项目管理咨询服务企业，为建设单位的项目管理提供咨询；湖南省住房和城乡建设厅发布了《全过程工程咨询工作试行文本》，包括了全过程工程咨询招标文件、合同文件的试行文本；广东省住房和城乡建设厅发布了《建设项目全过程工程咨询服务指引（咨询企业版）（征求意见稿）》；陕西省住房和城乡建设厅出台了《全过程工程咨询服务导则（试行）》和《全过程工程咨询服务合同示范文本（试行）》。

2019年3月，国家发展改革委员会与住房和城乡建设部联合发布《关于推进全过程工程咨询服务发展的指导意见》（发改投资规〔2019〕515号）文中提出全过程工程咨询包括项目决策和建设实施两个阶段，分工更加明确；同时对后续具体实施的资质、取费等方式给出意见，进一步加快推动全过程工程咨询的开展。

经过长期特别是近几年不断地培育和发展，全过程工程咨询管理从理论层面和技术层面都取得较大的进展，在社会认可度和专家推广度方面都有很大扩展，项目呈上升趋势。

当前，依然存在不同的问题影响全过程工程咨询的发展。诚然，这里面固然有业主对于这种新的组织模式的接受持观望的态度，也有咨询企业服务能力不足的问题。但在国家的大力推动下，全过程工程咨询是必然的趋势，随着各种制度的不断完善，咨询人员素质的提高，全过程工程咨询服务也必将会得到全面、健康发展。

全过程工程咨询服务模式是深化工程领域咨询服务供给侧结构性改革，破解工程咨询市场供需矛盾，创新咨询服务组织实施方式的重要举措，能够满足委托方多样化需求的咨询服务模式。特别是为固定资产投资及工程建设活动提供高质量智力技术服务，全面提升投资效益和运营效率具有重要作用。咨询企业要不断加强企业文化建设和诚信体系建设，注重人才培养和人员素质提升，加强科技创新，提高 BIM 等信息化技术应用水平，推动企业转型和全过程工程咨询服务的全面、科学、健康发展。

1.1.2　建设项目全过程工程咨询的基本内容

（1）建设项目全过程工程咨询的概念

2019 年 3 月 15 日，国家发展改革委员会与住房和城乡建设部联合发布了《关于推进全过程工程咨询服务发展的指导意见》，进一步完善我国工程建设组织模式，推进全过程工程咨询服务发展。全过程工程咨询是从项目决策、建设实施等阶段，开展跨阶段咨询服务组合或同一阶段内不同类型咨询服务组合，可提供招标代理、勘察、设计、监理、造价、项目管理等全过程工程咨询服务。

（2）建设项目全过程工程咨询的阶段划分

建设项目全过程工程咨询划分为项目决策和建设实施两个阶段。

项目决策阶段主要工作包括：项目策划、投资机会研究、可行性研究报告及评估、环境影响评估、PPP 咨询、社会稳定性评价、建设条件单项咨询等内容。

建设实施阶段主要工作包括：工程勘察设计咨询、工程招标采购咨询、造价咨询、工程监理与项目管理服务等内容。

1.2　建设项目全过程设计管理

1.2.1　全过程设计管理概念

设计管理的定义最早于 1966 年由英国设计师 Michael Farry 提出，他在《设计管理》一书中指出"设计管理是在界定设计问题，寻找合适设计师，且尽可能地使设计师在既定的预算内及时解决设计问题"，他把设计管理视为解决设计问题的一项功能，它是一种设计管理的导向，而不单单是管理的导向。Michael 把设计管理者的工作具体内容做出了以下总结：（1）给各个设计专业、部门以及单位提出设计进度规划。（2）制定详细的设计周期进度表。（3）估算项目各专业的建设成本费用。（4）以满足市场需求为前提解决设计进程中的各种问题。（5）建设完整的专业咨询团队，以满足各专业的需求。（6）组织好各专业、各部门、各施工单位，实现最高效的沟通与协作团队。（7）设计管理要服务项目全过程。

1968 年，美国建筑师 Peter 认为："设计管理与其他项目管理形态基本相同"，指出设计管理涉及一般管理的基本原则，包含决策、计划、组织、指导以及控制的过程。管理的目的是高效。1994 年，美国建筑师 Turner 把设计管理划分为五个部分：（1）设计管理者应具备设计的基础知识。（2）设计管理的组织架构。（3）发展商设计部门的管理。（4）设计师具有管理知识。(5) 设计项目管理。

在英国和美国开设的设计管理课程大致分为两类:一类是让设计者参与到学习管理课程中,偏重于管理,目的是让设计者能够参与、协调项目的规划和进程;另一类是在管理课程中加入设计知识,偏重于设计部分,主要是为管理者提供设计基础。

1.2.2　全过程设计管理内容

建设项目全过程设计管理从方案设计、初步设计、施工图设计、优化设计以及限额设计,一直持续到项目完工验收、投入使用以及后期运营各个阶段。因此从项目策划开始,项目设计管理需要参与市场调研、可行性研究、项目申请报告、项目前期策划、环境影响评价、节能评估、安全评估、风险评估等。

设计与管理,是建设项目核心竞争力的重中之重。设计包含的是对项目本身的理解、定位、规划、创意以及各种相关问题的有效解决,并通过图纸的方式充分表达。它主要包含三个方面:一是设计:规划和对项目本身的构思;二是表达,即准确地将设计和构思通过图纸进行传达;三是应用,即将图纸上的内容实体化,完成项目的构建。而管理则是由决策、计划、组织、指导、控制等各方面要素的相互协调所构成。

建设项目全过程设计管理是一个新的概念,是在项目设计管理的基础上加以改进,以求达到各专业、各部门之间更加有效的配合,让项目过程效率化,设计过程整体化,施工过程制度化,各部门业务体系化,各专业之间组织化。全过程设计管理大致分为两类:一类是以设计者为主导,对整个项目进行规划和把控,设计上的专业性更强,更易于控制整体进度;另一类是以管理层为主,能够更好更专业地进行管理。设计管理的出现,不仅是设计上的需求,也是管理上的要求。

1.3　建设项目全过程设计管理的目的和意义

全过程设计管理的目的是结合市场需求,以协调为主将各个专业有效结合,主要任务是在前期对项目进行详细的调研和评估,在进程中对各阶段的设计进度进行跟踪管理并对图纸进行审核优化,对设计选用的材料及质量进行合理筛选,寻求最合适的沟通协调方法,保证项目的高效进行,有效控制设计质量、进度和投资三大目标。

我国已经进入高质量发展阶段。随着建筑工程数量的不断增加,如何提高项目进展速度,更好地规划项目进度,设计阶段是最为重要的,在很大程度上影响着工程项目的质量、投资以及进度等各方面。提高项目管理水平,保证工程质量,缩短项目施工周期,完善项目总体规划,都要求设计管理的协调沟通。因此,从综合来讲,在建设项目中实施设计管理可以提高工程的经济效益和社会效益。

第 2 章　建设项目全过程设计管理的内容

2.1　设计管理的形式

根据委托方的要求和建设单位自身的特点，现行设计管理的一般形式可以分为以下三类：完全建设单位自管方式、建设单位自管与项目委托相结合方式、完全委托项目管理方式。前两种管理方式由建设单位主导，来规划项目的周期和各阶段的运营状况，后一种由管理方主导，建设单位将全部或者部分项目授权给管理方并提出建议和意见，辅助项目进程。

2.1.1　完全建设单位自管方式

由建设单位完全主导项目进程，规划项目的周期以及各专业、各阶段的运营状况。这种管理方式需要建设单位有一批高水准的专业性建设人才，并具有成熟的配套设施以及专业的建设团队和丰富的开发经验。因此对建设单位的要求较高，需要专业团队以及高技术人才，虽然这些客观条件增加了项目成本，但同时也加强了建设单位的企业核心竞争力，提升了建设单位在建设领域的企业实力和地位。

2.1.2　建设单位自管和项目委托相结合方式

由建设单位主导、项目管理方协助的管理方式，即建设单位和管理单位两家单位的技术人员和工作人员结合成为项目的统一管理组，共同管理项目的全部管理工作。这种管理方式不需要建设单位直接面对设计单位，从而大大减少了建设风险，不需要额外招聘专业人员、组建专业团队，同时，与直接聘用设计管理单位和建设工程组相比，这种混合式的管理方式也可以提高项目管理效率，加强监管力度，提高专业水平。

2.1.3　完全委托项目管理方式

建设单位将项目管理完全委托给项目管理单位，从项目开始提交任务书时，便由管理单位开始统筹规划，一直到施工图设计文件验收为止，整个项目完全由项目管理单位进行主导，规划项目的周期和进程，管理各个阶段的设计运营状况。项目全过程的全部参建单位以及整个工程项目，都由项目管理单位代表建设单位代管。

2.2　设计管理的范围

设计管理的范围是保证设计管理工作稳步进行的第一步，明确设计管理的范围才能让管理工作有章可循，有序进行，不断推进。范围管理对沟通协调管理、后勤管理、采购管理、人力资源管理、设计管理以及风险管理都规定了一定程度上的限定，使其有界限、有制度、有规范，让设计管理工作有的放矢，有迹可循，高效推进设计项目的进行，不再盲目地进行设计管理工作。在此基础上，项目的质量、成本、进度等工作的顺利进行才会得到有效保障。

2.2.1　设计的范围

在一个项目中，"范围"主要有两方面的含义：一个是项目规范，即在对建设项目的规划、开发、实施、运营等环节中确定项目所应该具有的具体特征和实际功能，从而限定项目的质量；另一个是工作范围，即明确建设项目设计的目的，包括项目定位、市场需求等，简单地说就是项目应该做成什么样、怎么做、如何做才能满足项目的定位标准。项目规范适用于建设项目开发、实施、运营的全过程，对项目管理的流程制定相应的规章制度，从而提高项目质量；工作范围是对建设项目计划的整体规划，在一定程度上是建设项目设计的基础。因此项目规范要和工作范围保持高度一致，这样才能确保项目建设的顺利进行，以达到客户和市场的基本需求，在整个项目的进程中应该从一般到具体，从个性到共性，层层递进，稳步前进，从而达到更高的标准，使建设项目具有更强的核心竞争力。

建设项目包含了一系列要素，每个要素间存在各自的组成部分，同时每个组成部分既相互独立，又相互影响。因此，确定设计项目的范围也就限定了项目工作范畴的边界，明确设计项目的目标，规范项目的进度，最终达到项目所要求的成果。

确定项目设计的范围，要提交正式的项目设计范围说明书，用于对项目的全面管理、全程规划以及最终决策。项目设计范围是一个前赴后继、不断细化和完善的过程，前期文件作为后期范围确定的基础和依据，后期成果作为前期范围的检验和论证。项目设计范围包括项目建议书、可行性研究报告、项目设计目标、项目任务书、项目预算以及最终形成项目设计成果等基本内容。随着项目的不断推进，项目设计范围说明也需要进行调整和细化，来更加准确和细致地确定项目工作范畴的边界。

项目设计范围说明需要包含以下三点：

（1）项目的可行性研究报告；（2）项目的设计目标；（3）项目最终可实现的设计成果。

项目设计范围确定的一般流程如下：

（1）分析和确定项目目标，调研项目环境，分析环境限制条件；（2）确定项目最终可实现的成果范围；（3）对项目进行结构分解（WBS）工作；（4）定义项目单元；（5）明确项目各单元之间的界限，包括界限定义与划分、各单元之间的逻辑关系以及实施顺序。

项目范围可确定项目的费用、时间以及资源，提高项目估算的准确性，充分准备项目所需的前提条件和基准。范围管理对于成本管理、进度管理、质量管理等都有相应的规定。同时减少了项目的不确定性和所要面临的风险，从而缩短项目完成时间，细化项目各方面质量，保证项目进程。

项目范围是项目进程的基础，有助于分清项目的责任，明确各专业的职责，对项目任务的承担者可进行考核和评价。项目任务的分配需要明确各单位、各专业所要具体负责的内容，要完成什么内容，达到什么要求，质量上的把控以及成功的提交和审核都是需要明确到个人，确保整个项目顺利推进，提高完成效率。

项目范围是项目实施控制的依据和基本准则，可以衡量和控制项目进度。通过项目计划制定项目所要达到的目标，规范项目的进度，理清项目的各项内容以及所要达到的标准，对项目需要开展的各项工作进行具体安排。

因此，明确地规划项目设计范围对项目本身的推进十分重要。如果项目设计的范围确定有误或不够准确，那么最终可能会造成项目整体费用的提高，拖慢项目进程，降低项目推进的效率。大多数失败案例都是因为项目设计的范围确定有误，从而导致设计项目不断修改，甚至使整个设计项目推翻重来，最终导致项目周期变长，打断项目施工进度，造成施工质量降低，同时延长的工期也将大大降低劳动生产率。

2.2.2 设计管理的范围

项目设计管理的范围是对项目进行相应的定义和控制。它涵盖了用以确保项目能够按照要求内容完成所涉及的所有过程，其中包括确定项目需求、制定项目范围计划、实施范围管理、核实项目范围、控制范围变更等内容。

确定项目设计的范围，要编写并提交正式的项目设计管理范围说明书和范围管理计划，是建设项目全面管理、全程规划以及最终决策的基础。这对于单个项目或复杂项目中各级项目的开展都是非常必要的。

范围定义的方法就是分解工作结构，提高效率。主要是把项目的最终成果划分为一个个阶段和部分，将复杂的工作内容分解成方便管理的较小的独立单元项目，再将这些单位的责任赋予相应的具体专业人员或部门，直至满足设计项目控制的最低层次。这些单元项目之间彼此联系，甚至存在某种程度上的相似之处，因此在项目资源和项目工作之间建立起了一种目标明确的责任制度关系，形成职能责任矩阵。这种框架结构具有层次性，简单的项目分为三级：项目、子项目、工作，复杂或者大型的项目，则需要分为五到六级，每一级别都不断将项目更加细化和明确。

（1）建立工作分解结构的主要步骤

1）确定项目总目标

根据项目合同的具体要求和相关规范要求，确定项目的最终目标以及相应要交付的项目成果。

2）确定项目分层目标

使用 WBS 分层数，详细分解每一层的项目工作结构。

3）划分项目各个建设阶段

将设计项目的全过程依次划分为相对独立又相互联系的单元阶段，包括前期调研、设计、预算、施工、验收等阶段。

4）建立项目组织结构

设计项目结构中的人员包括所有参与项目的工作人员或单位，以及项目进程中的各个专业人员。

5）确定项目组成结构

根据项目总目标和每个阶段的分层目标，将项目的最终成果和阶段性目标成果进行分解，严格按照不同阶段的要求逐步进行规划和设计。

（2）项目设计的范围

项目设计的范围核实是项目的利益相关者（如项目客户、项目执行者和发起者）对设计项目范围做出的最终审核和确定的过程。核实的过程要求重新审查项目以及项目中各部分的构成，以确保项目准确无误地完成。如果项目被提前终止，那么项目范围核实应该将项目已完成的部分核实，确定项目设计完成的层次和程度，最终形成审核文件。

项目范围变更控制就是对设计项目范围可能存在的变化加以控制，主要包括：

1）判断项目范围是否已经发生变化；

2）对造成项目范围变化的原因加以控制，以保证项目的变化朝有益的方向进行；

3）当项目范围发生实质性变化时对其进行管理控制。项目范围变更必须与其他相关的控制相结合，比如项目的进度控制、成本控制、施工质量控制等。

在项目的开发阶段，要对项目进行两方面的规划：一方面是对范围进行设计、规划和确定，对项目的过程需求进行项目计划书的编写，形成项目设计阶段管理的基础。项目计划书是对项目之后的设计招标文件以及设计任务书管理的依据和设计招标的基础。另一方面是对不同项目设计做出针对性的项目管理范围。

2.2.3　设计管理的原则

项目设计管理的具体原则：

（1）及时性原则

在精益生产中引申为"只在需要的时候，按需要的量，生产所需的产品"。在设计项目管理中即为项目提供的产品功能满足现实的功能需求。明确项目设计的目标和范围，确定项目的价值，尽量减少与项目无关的设计工作。

（2）系统化原则

针对项目设计工作、项目目标和项目进展，形成系统性结构，使功能和设计工作有机联系，配合项目进度，实现项目系统性目标。

（3）无缝化原则

无缝化原则是指在项目设计范围的部门之间、专业人员之间、工作任务之间、设计阶段之间都能够联系紧密，达到无缝化连接，贯穿一体。处理好设计工作各部分之间的紧密性和一致性是完成项目的重中之重。

（4）专注原则

项目设计的范围管理一定要专注于项目本身，只有和项目目标一致的设计功能才是有价值的。符合建筑师个人喜好但不满足项目本身需求或是与项目最终目标不一致的功能是一种负价值活动。从最初设计到材料采购、项目施工等都必须满足项目需求，符合项目最初目标和使命。

（5）简化原则

设计项目范围管理在项目要求内应尽可能的简单、细化。简化是项目成功的关键，是设计工作顺利进行的基础。项目设计的成功要做到简单易行，便于施工、安装和维修，同时材料的提供也应准确及时，这些才能极大地缩短项目周期，提高项目质量，降低项目成本。

2.3　设计管理的进度控制

2.3.1　设计阶段进度控制的意义和工作程序

项目工程进度控制的重要内容是对设计阶段的进度控制。项目工程的建设进度控制目标是建设工期，项目设计主要划分为设计前期、方案设计、初步设计和施工图设计几个阶段，大型或是比较复杂的项目还要有技术设计阶段，设计阶段进度的控制是为了保障施工阶段的进度，同时也为后期的建设实施阶段打好基础。设计进度控制是施工进度控制的前提，如果设计阶段进度把控不到位就会直接影响到项目建设总目标进度的推进。为了能够缩短项目建设周期，设计项目管理单位或人员应该跟设计单位进行充分地沟通协调和合理地安排，使建设进度能够按照规划进度进行。从另一方面来说，设计进度控制也是施工建设、材料采购和设备供应的前提。此外，还要考虑到建设项目相关部门的文件审核时间，这也关系到了整个建设项目是否能够顺利进行，在规划时间内是否能实现，是否可以按期完成的管理保障。

项目设计阶段进度控制的主要任务是对初步设计、施工图设计的控制，项目设计管理单位要审核项目所有相关图纸的进度，在初步设计后进行优化设计，在项目全过程中都要跟踪审核这些设计的执行情况，将计划进度和实际进度进行实时跟踪汇报并加以修正、重新修订进度计划。如果发现项目进程落后于进度表，那么项目管理单位要发现问题并及时采取措施进行有效解决。

2.3.2 设计阶段进度控制目标

项目设计阶段进度控制的最终目标是按规划进度表完成项目。在确定工程项目的总目标时，要考虑到设计周期、图纸修改、施工周期、材料采购等时间，将这些都控制在项目周期内。为了有效地控制项目进度，需要对总目标进行分解，划分到每个专业的不同专业人员身上，保证高效率、高质量地完成每个小目标，形成设计阶段的项目工作结构分解。

项目设计准备阶段的主要工作内容有：修订规划设计条件、收集设计基础资料、选定设计单位、签订设计合同等，这些都应该有明确的时间界限，每个目标都有进度规划，要严格地按照时间进度表进行项目的设计规划。设计项目是否能够顺利进行，是否能按照规划进度进行设计，与设计前期的准备阶段目标实现时间关系极大。

初步设计阶段应根据建设单位提供的基础资料和基本要求进行设计编写。初步设计和预算批准后，就可以为后续工作（如确定项目投资额、签订各项合同、控制建设工程拨款、进行施工设备预定、施工图设计等）提供主要依据。

技术设计应该根据初步设计进行编写，技术设计和预算批准后就成为建设项目施工和拨款的基础依据。为了保证项目建设总目标的实现，要根据建设项目的实际情况和具体问题决定初步设计的合理性，制定项目技术设计周期。这个时间段内，除了要考虑设计和评审以外，还要考虑到各种文件的报批时间。

施工图设计根据已经批准的初步设计文件，对建设项目各单项工程及建筑群体组成进行详细的设计，绘制施工图、工程预算书，作为工程施工和采购的依据。

以上都是设计进度控制的阶段性分目标，为了高效的控制项目建设进度，可以将项目分解，制定分目标，进行各个目标的时间进度规划，然后对其进行监督。这样就完成了设计进度控制目标从总目标到分目标分解完成的系统性体系。

2.3.3 设计进度的影响因素

建设工程设计是多专业、多方面协调配合的工作项目，在建设工程项目设计过程中，对设计进度的影响因素有很多。

（1）建设意图及要求发生改变

建设工程设计是为满足建设单位的要求和意图进行设计的，所有的工程设计最终结果都是体现建设单位的意图。因此，在设计过程中，若建设单位有需求和意图发生改变，那么设计必须变更以满足建设单位的要求，这些都会影响到建设工程设计的进度。

（2）设计审批时间

建设工程设计是分阶段进行的，如果其中有任何一个阶段出现问题，如初步设计的审核不能顺利通过，那么就会影响到下一阶段施工图设计的进度。因此，设计审批时间也会在一定程度上影响到建设工程设计的进度。

（3）设计各专业之间协调配合

建设工程设计是一个庞大的、多专业、多方面协调配合的工作，因此，如果建设单位、设计单位、施工单位、监管单位任何一个环节出现协调沟通的问题，必然会影响到建设工程设计的进度。

（4）工程变更

当建设工程设计采用分阶段分解的方式进行，很多因素和每一个阶段都可能发生可预见或者不可预见的工程变更，最终影响到建设工程项目各阶段设计的进度。

（5）材料代用、设备选用失误

材料代用、设备选用的失误会导致项目在施工过程中发生失误，从而要进行重新设计，这也会影响到建设工程项目设计的进度。

2.3.4　设计单位的进度控制

设计项目的进度管理贯穿整个项目全过程，设计阶段进度控制的方法就是进行统一规划和协调。为了满足合同的要求，按照工期提交施工图文件，设计方应采取各种行之有效的方法对建设工程设计的进度进行控制。

（1）建立计划部门，编制工程项目设计进度计划。

（2）建立健全的设计技术经济定额，并按定额要求编制与考核设计计划。

（3）实行设计工作技术经济责任制，将设计人员的经济利益与其完成任务的数量和质量挂钩。

（4）编制切实可行的设计总进度计划、阶段性设计进度计划和设计进度作业计划。在编制计划时，加强与建设单位、监理单位、特殊专业技术科研单位及承包商的协作与配合，使设计进度计划积极可靠。

（5）认真实施设计进度计划。在执行计划时，要定期检查计划的执行情况，并及时调整设计进度，使设计工作始终处于可控状态。

（6）坚持按基本建设程序办事，尽量避免进行"边设计、边准备、边施工"的"三边"设计。

（7）不断分析总结设计进度控制工作经验，逐步提高设计进度控制工作水平。工程设计的周期直接影响项目效益的发挥。进度管理的主要辅助手段是网络计划方法，网络计划以网络图为基础。通过分析关键线路，找出关键工序，合理统筹安排主次要工作和各项资源，有效控制设计周期，这是在保证质量的前提下，缩短设计周期的有效辅助手段。

（8）对于建设单位自身因素（如建设单位能否向设计单位及时明确设计要求并提供设计所需的参数和条件，能否及时对设计文件进行决策和认可，能否尽量减少设计意图的改变和反复造成对设计进度的影响），项目管理人员应尽早发现问题，并提出解决的参考方案。

2.4 设计管理的投资（成本）控制

项目设计管理是对沟通协调管理、后勤管理、采购管理、人力资源管理、设计管理以及风险管理都做到一定程度上的限定，是设计管理能否成功的重要依据，是对项目管理的保障和影响。投资控制渗透在设计管理中的各个方面、各个阶段，对其他管理工作都有一定程度上的限制，是其他设计管理工作开展的目标和依据。

合理控制成本是一个项目的最基础也是最重要的环节，它产生于项目本身的定位，在建设项目开发过程中进行控制，在设计管理中严格执行。合理控制项目开发成本要从多方面进行考虑，比如规划形态、造型方案、新户型、新空间形式等都会影响到项目成本的控制，在项目成本预算的时候都要将这些考虑清楚，与各专业进行沟通协调，保证项目成本的可控性。

在设计阶段，成本控制主要包含了材料设备的选用、材料的占有分量等。设计阶段的成本控制本质上来讲是对价值的研究而不是对控制管理的研究，这是一个价值工程问题。项目成本的运作是对项目成本、质量与时间控制之间进行协调平衡，不能仅仅考虑一个方面的问题，因为当三者达到相对平衡时才能获得最大的利益，减少资源的浪费。

项目设计的成本控制对于管理人员来说是任务，对于设计人员来说是意识，对于成本核算人员来说是前置和持续。成本管理控制要把成本的效益观念作为指导思想和支配思想，而不是简单的只为减少和降低成本，从各方面开源节流，而是主要从"投入产出比"来分析和看待成本的合理付出性，从而做到项目设计的成本控制。

2.4.1 工程设计对建设投资的影响

目前，项目建设利润价格趋于平稳，"价格战"已经不能解决实际问题，要从根本上控制建设项目设计的成本、造价、质量、工期等，才能够在不断发展、不断变化的多元市场环境中具有核心竞争力，立于不败之地。通过对市场本身的深入调研并结合多年的实际工作经验，再加上一些实际的建设项目案例，深刻反映出建设项目设计阶段的成本控制管理的重要性。项目设计阶段对于建设投资的影响主要有以下几点：

（1）设计方案直接影响投资

工程建设过程包括项目策划、项目评估、项目决策、项目设计、项目施工、竣工验收等，其中决策、设计和施工为主要的三大阶段。进行建设投资控制的关键在于项目的决策和设计阶段，项目决策决定了项目的基本方针，项目设计决定了建设投资控制。根据现行工程咨询设计取费标准，一般设计费不到建设项目工程全寿命费用的1%，但正是这1%以下的费用决定了之后的建设项目阶段的全部费用，即接近75%的建设投资都是由前期的设计阶段所影响的。在单体项目建设工程中，建筑设计方案的选择和建筑材料的选用对于建设投资有较大影响，建筑方案设计中的平面布置、柱网设置、交通组织形式、层数和高度、立面造型、材料选择、结构形式等都有着技术经济分析的必要性。在满足同样的功能使用要求下，如果技术经济设计合理，建设工程造价能降低 $5\%\sim10\%$，甚至可以高达 $10\%\sim20\%$。因此，建设项目的初步设计方案的技术经济计算对之后的工程造价都有很大的影响。项目设计不仅影响建设成本的一次性投资，还影响项目在使用阶段的经常性费用，比如电气、暖通的能源消耗、保养、维修、清洁等持续性费用。一般情况下，一次性费用和经常性费用存在反比关系，但通过对项目进行优化设计可以找到两者之间的平衡，从而降低建设项目的全寿命费用。

（2）设计质量间接影响投资

在建设工程中，施工质量事故的各种原因中，设计责任约占 40.1%，位居第一。建设项目前期的设计质量不高，往往会导致施工时出现各种问题；同时设计图纸的低质量也反应在各专业之间的协调配合方面，出现相互矛盾，最终造成施工的返工甚至停工的现象，质量的短缺更有可能存在安全方面的隐患，从而带来巨大的损失，造成社会资源和建设投资的浪费。

（3）注意优化设计工作的综合性

通过对项目的优化设计来控制建设成本投资是一个关键性综合问题，不能只单独强调减少投资成本，正确处理投资成本和技术要求是控制投资的关键环节。在设计项目中，既要反对单方面强调成本节约，忽视项目在技术上的合理性要求，使设计项目达不到最终的技术要求，同时也要反对过于重视功能技术，从而造成资金上的浪费。设计人员要以功能为核心，以提高价值为目标，以系统观念为方针，以总体效益为基础，以项目成果为出发点进行方案设计分析，从而达到项目优化设计的最优效果。

2.4.2　设计阶段投资控制的内容及途径

设计阶段是建设投资控制最为关键的阶段。项目设计阶段的建设投资管理不单是对财务方面的管理和对项目成本的控制，而是包括组织管理、经济管理、技术措施、合同制定在内的一个综合性管理工作。

建设投资对设计阶段控制的主要内容如图 2-1 所示。

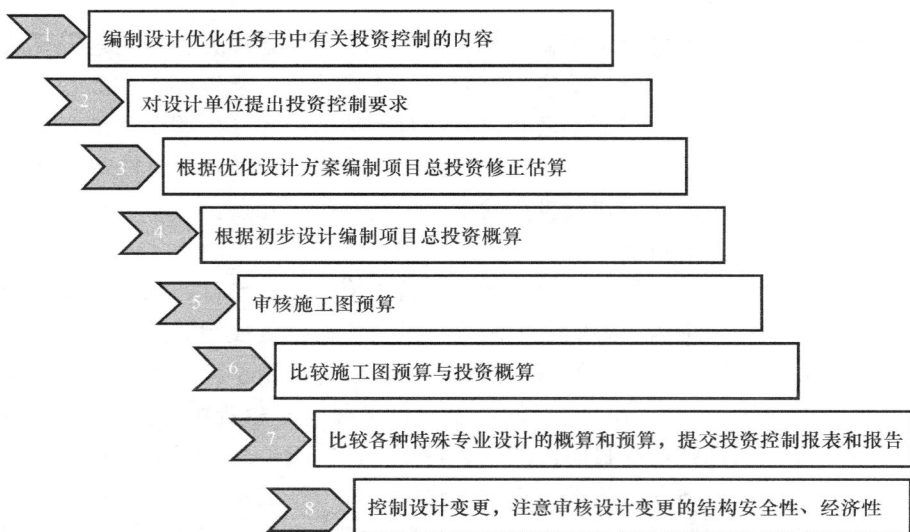

1　编制设计优化任务书中有关投资控制的内容
2　对设计单位提出投资控制要求
3　根据优化设计方案编制项目总投资修正估算
4　根据初步设计编制项目总投资概算
5　审核施工图预算
6　比较施工图预算与投资概算
7　比较各种特殊专业设计的概算和预算，提交投资控制报表和报告
8　控制设计变更，注意审核设计变更的结构安全性、经济性

图 2-1　设计阶段投资控制的主要内容

在项目开发的过程中，成本预算是控制成本的前提。技术人员根据项目产品计算项目的目标成本，设计单位控制成本的偏差率。"成本控制"不是简单的减少和降低成本，而是对成本的优化，从"投入产出比"来分析和看待成本的合理付出性，避免项目为了节约成本而造成品质的降低。

在项目的开展过程中实现成本优化的"重点专业地带"是指从项目策划阶段开始，到概念规划设计、策划方案、方案设计、初步设计、优化设计方案、结构方案、施工图方案、景观设计等的一系列工作流程。优化项目设计流程可以降低项目时间成本和因失误而导致的成本增加。加强对建设项目规划阶段的成本优化，要从各个方面进行控制管理，具体的管理措施如下：

（1）设计管理

加强对设计单位的管理。设计人员直接影响到设计质量和设计成果。因此，对设计单位的选择要率先考虑到设计人员的工作能力和水平，对其进行考察，以确保设计成果质量。

在设计项目合同中，尽可能地增加对于设计单位的合理性要求，要求设计单位从初步设计开始就对成本有所管理和控制。在设计的过程中，和设计人员做好及时地沟通协调，建立完善的奖惩制度，从而推动设计单位有效地进行设计。同时，还需建立系统化的管理体系和制度，完善对于设计单位的要求标准、坚持设计全过程的监管审核、建立专家评审和管理制度以及内部管理审核制度等。

（2）技术管理

在项目建设中，一旦建筑方案和结构方案确定下来，成本的预算也可以基本确定。合理的建筑方案和结构方案会大大影响主体的工程造价成本，降低施工建设成本。

结构方案的选择也是成本控制管理的关键。结构成本控制的重要环节是对技术指标的审核管理，主要流程包括：1）输入信息审核。核算基本信息如抗震的重要性类别、场地类别、基本地震的加速度、特征周期、各类荷载数值等是否有误。2）输出信息审核。检查输出信息中的各项指标是否正确、是否平衡，要尽可能地接近规范限值。3）对细部做法的控制和审核。4）合理归并结构构件。

2.4.3 工程设计对影响投资控制的一些问题

目前，在工程项目设计中，设计单位普遍存在注重技术，轻视经济的问题，设计项目时总是过于保守或者浪费，只追求安全风险小，不顾施工造价的问题。"安全、经济、美观"的设计标准在大多数设计人员眼中只顾到了"安全和美观""经济"往往被忽视，通常情况下设计人员认为只要技术上安全可靠，就算项目目标的基本完成。忽视对经济的考虑会造成施工图深度不够，必然会造成建设单位超出成本预算，造成资金的浪费。

在当今市场经济体制下，设计单位为了追求更多的经济效益而盲目扩大业务量和压缩设计周期，很容易影响设计质量，最终降低了设计的经济成果。为了充分满足建设项目的成果质量，就要对设计单位提出详尽的目标和要求，设计方案要注重项目成果的形象和功能，同时也要注重项目的工程造价。

2.4.4　价值工程法在设计管理中的运用

项目的价值分析又称价值工程法,是降低建设项目成本、提高项目设计经济效益的有效方法。价值工程是一种用最低的总成本可靠地实现产品或劳务的必要功能,着重于进行功能分析的有组织的活动。价值的表达式为:

$$价值(V) = 功能(F)/成本(C)$$

这里所讲的价值是指某种产品(劳务或工程)的功能与成本(或费用)的相对关系,也就是功能与成本的对比值。功能是指产品的用途和作用,即产品所担负的职能或者说是产品所具有的性能。成本指产品周期成本,即产品从研制、生产、销售、使用过程中全部耗费的成本之和。衡量价值的大小主要看功能(F)与成本(C)的比值如何。人们一般对商品有个"价廉物美"的要求,"物美"实际上就是反映商品的性能、质量水平;"价廉"就是反映商品的成本水平,顾客购买时考虑"合算不合算"就是针对商品的价值而言的。

价值分析与项目工程设计关系:价值分析侧重于对功能的分析,力求用最短的周期进行项目建设,达到建设单位在功能、服务上的需求,从而获得最大经济效益的协调分析的工作。建筑设计不仅是工程技术上的发展运用,也受到社会、政治、经济等方面的影响和制约。在建设项目设计的过程中,利用价值分析对设计方案进行分析比较,对功能和经济的不合理性提出质疑和建议,运用价值工程法的原理对设计方案进行科学的审核和整改,并最终做出决策,使建设项目能够达到经济效益的最大化。

价值分析法在设计管理中进行具体运用主要在以下几个方面:

(1) 选择与投资项目相适合的设计单位

为做好项目的规划、设计,适当提高设计成本,可以为项目运作过程中规避风险、提高项目整体价值带来一定的保障。

对于施工图设计单位的选择,应尽量选择当地设计单位,这些单位对当地情况、习惯做法、地方规范都相当了解,对缩短设计周期与节约成本都是有利的。如不能选择当地的设计单位,对于施工图设计深度和要求应该遵守国家相关规范、地方规定以及施工图审查程序。

(2) 设计前期进行系统的功能分析

收集各种基础资料和技术资料,应用功能分析的原理,在设计前期对项目进行系统的功能分析。通过多方案比较,综合评价和平衡项目功能与成本,计算改进方案的成本和功能值,根据改进方案的评价,优选最佳方案。

(3) 开展限额设计,有效控制造价

积极推行限额设计,健全设计经济责任制。在项目设计的不同阶段做好项目成本的造价分析,按项目投资估算控制初步设计及概算,再用初步设计概算控制施工图设计及预算。因此,各专业在保证功能及技术指标的前提下,合理分解和使用投资限额,把技术和经济有机结合起来。

(4) 加强对设计成果的审核

对设计单位提交的施工图进行深入的审核、剖析,给设计单位提出具体有据的修改建议,并与设计单位进行协商和确认,再由设计单位进行修改、完善,完成最终成果。在这个过程中不能片面强调节约成本，要正确处理技术与经济的对立统一。

（5）严格控制设计变更，保证投资限额

在设计阶段中保持良好的沟通，避免在设计阶段后进行大的变动调整，缩短项目建设周期，降低修改经费，从而提高项目价值。

2.5 设计管理的质量控制

与进度控制和投资管理一样，项目设计管理的质量控制，需要由范围管理、沟通协调管理、后勤管理、采购管理、人力资源管理、设计管理以及风险管理来保障。设计管理的质量控制也要在其他各项设计管理中充分体现并相互协调，达到促进、平衡其他相关管理的作用。

2.5.1 设计质量管理的内容及目标体系

设计质量管理是让建设项目的方案设计和施工图设计能够达到最初制定的目标，并且在施工阶段达到质量要求标准。设计阶段的质量管理主要依据清晰准确的设计任务书和对各个阶段的质量达标审核评估。每个阶段的检查评价不仅起监督管理的作用，同时也是一个不断改进的过程，从而高效的达到预期标准和最终设计目标。当项目设计方案确定后，对设计阶段的管理显得非常重要，也是实现设计目标的关键点，而且在施工过程中继续对相关专业和部门加强协调沟通与密切合作，为项目的实施打下坚实的基础。

设计项目质量的管理含义包括项目设计质量和项目建设过程质量两个方面。通过控制项目建设过程的质量来实现预期的项目最终目标和质量是项目管理的原则。

设计项目阶段的质量管理的主要任务有以下几点：

（1）编制设计方案优化任务书，补充完善有关质量控制的内容；

（2）审核优化设计方案，确定设计满足项目的质量要求和国家标准；

（3）组织专家对优化设计方案进行评审；

（4）保证设计单位完成方案设计工作；

（5）从质量控制角度对设计方案提出合理化建议；

（6）跟踪审核设计图纸，发现图纸中的问题，及时向设计单位提出修改完善要求；

（7）在施工图设计阶段进行设计协调，督促设计单位完成各专业施工图设计工作；

（8）审核施工图设计，并根据需要提出修改意见，确保设计质量达到设计合同要求，获得政府有关部门审查通过，确保施工进度计划顺利进行；

（9）审核特殊专业设计的施工图纸，符合设计任务书、规范及政府有关规定以及项目施工的要求；

（10）协助智能化设计和供货单位进行建设项目智能化总体设计方案的技术经济分析。

对于项目设计质量管理的内容，应该明确项目质量管理的目标，编制质量控制体系框架。

具体内容见图2-2。

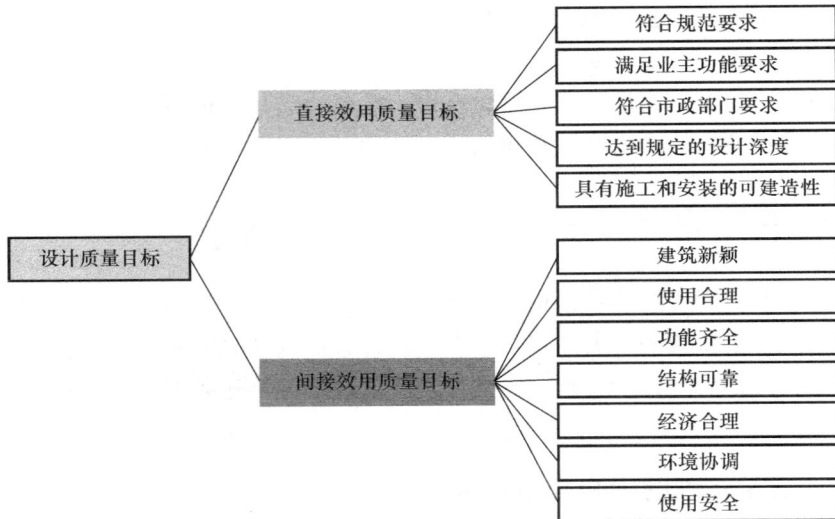

图 2-2　质量控制体系框架

2.5.2　设计质量管理的方法

与建设投资管理和进度管理不同，在初期设计阶段很难实现对项目设计质量进行统筹管理和动态控制。对于项目设计阶段的质量控制一般都是通过前期的预期控制和后期的优化设计来实现，因此设计要求文件（即设计任务书）在质量管理全程中的地位非常重要。编写设计要求文件是向设计单位明确建设项目的规划设计方向、目标信息及质量控制的主要方式，是对项目进行前期策划、决策的过程，也是对一个建设项目的预期目标、使用功能、建设规模、质量标准以及施工过程的定位。设计任务书应准确全面地反映出项目前期确定的策划结论、主要信息点以及项目实施的主要方式，保证设计成果最终的全面性、系统化、可行性，满足国家规定、社会和城市的发展需要以及建设单位、使用者的相关需求，是工程设计的主要依据。设计任务书应包含的具体设计要求如下：

（1）设计成果的定性要求

除了必须满足相关专业的要求、相关规范的要求、使用者的生活方式以及功能需求，还应明确建筑及结构类型、建筑风格、材料选择、设备确定等，同时也要满足市场定位，提升建设单位的核心竞争力。

（2）设计成果的定量要求

制定翔实全面的设计任务书，明确建设项目的建设用地面积、总建筑面积、计容面积、建筑密度、建筑容积率、绿地率、红线要求、建筑层数、建筑高度、停车率等，以及结构、机电设备的具体要求。

（3）项目运维的管理要求

项目设计成果应该充分考虑到未来发展的管理需求。在后期进行维护管理时，也要考虑建设材料选择和构造形式，便于后期维护，同时也应满足智能化管理，例如垃圾分类收集处理的方式，管理的便捷迅速等要求。

（4）适应可持续发展的要求

项目设计建设要考虑到分期建设及可持续发展的要求，应考虑到项目可持续发展趋势，项目定位和市场需求都可能发生改变，建筑设计应便于调整，比如建筑类型、平面功能、建筑户型、建筑小空间功能等。

（5）前瞻性的设计要求

在满足设计任务书的要求下，为提高项目质量、技术的市场附加值，赋予建设目标新的活力，提升企业的核心竞争力和制造市场的营销卖点，尽可能在设计上做到理念创新、技术创新、材料创新。

设计任务书不但要明确总体设计概念和技术控制要求，还要给设计单位留有自主发挥的空间，所以应形成相对全面完整的设计要求文件和具体内容，为建设项目的各个组成部分提供充分的基础依据。

设计任务书的主要内容见图 2-3。

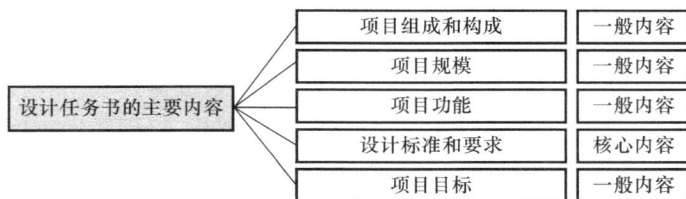

图 2-3　设计任务书的主要内容

2.5.3　PDCA 循环在设计质量管理中的运用

PDCA 循环是美国质量管理专家休哈特博士首先提出的，由戴明采纳、宣传，获得普及，所以又称戴明环。PDCA 循环将质量管理分为四个阶段，即计划（Plan）、执行（Do）、检查（Check）、处理（Act）。全面质量管理就是从计划的制订、组织到实现，以PDCA 循环为思想基础和方法依据，周而复始不停运转的质量管理过程。

设计是建设项目的质量目标与水平的具体化体现方式，设计质量直接影响项目的功能和价值，是项目质量的决定性因素和顺利实现工程建设三大目标控制的有力保障。设计团队的整体素质、设计人员的项目经验、对设计任务的熟悉和理解程度、设计方案的选择优化、各专业的协调配合程度以及设计进度和设计成本的控制分配都会直接影响设计的进行过程和最终质量。而且由于设计阶段失误造成的某些质量问题的不可逆性，是施工阶段难以弥补的。所以在设计管理中引入 PDCA 循环，做到计划到位、责任到位、检查到位、激励到位，各阶段目的明确，各专业责任到人，各步骤监督到位，再加上合理的设计进度和设计成本保障，来控制项目设计各个阶段的质量，以保证设计的高质量和项目建设的高效率，确保整个建设项目目标的最终实现。

2.6　设计管理的沟通协调

建设工程项目是一个多部门协同合作、多专业共同参与的工程项目，有监理单位、设计单位、施工单位、设备供应商、材料供应商、政府监管部门等，让这些部门和单位共同为同一个明确的项目目标开展工作，需要有一个核心的建设项目管理团队，进行沟通协调各部门之间的工作。在项目设计管理过程中，对于各部门之间的关系协调更为复杂，在协同合作的同时还要对项目的时间、成本、质量进行把控，在项目的进程中不断调整以致最终完成项目成果。

　　建设项目设计管理的协调沟通过程包括为了确保项目设计的信息采集、传播、保存和利用的全部必要过程。沟通协调管理是将所有迈向成功的因素都连接起来的关键之处，收集各个部门的信息并将其发送到其他相关部门，让整个项目的所有信息流程都能及时地在部门之间进行流通。沟通管理是所有管理的核心，也是项目设计管理的灵魂，它包含了对技术上的合理化建议、风险上的预防、建设成本上的控制、进度安排中的协调以及质量问题方面的把控。在项目设计管理中，协调沟通是协同合作的前提，是各方面管理的纽带，是各专业之间的关键连接，是项目进程中必不可少的重要管理因素。沟通与协调可使矛盾着的各个方面居于统一体中，使系统结构均衡，使项目设计的实施和运行过程顺利。

　　当前市场环境下，参与一个项目设计的单位和部门非常多，每个单位的任务、目标和责任都不同，这就形成了异常复杂的项目建设团队，每个单位都会对项目成果有所干预和指导。在项目设计的过程中，各个单位之间的竞争和利益冲突远大于建设单位内部利益冲突，更为激烈和不可调和，因此在对项目设计进行管理时，管理者必须将各个单位都组织统一起来，建设一个高效的项目团队，协调沟通所有单位的相关专业人员以使他们能够齐心协力地为同一项目目标进行努力奋斗，这也是项目设计管理的核心作用。沟通协调是组织建设团队的方法，也是平衡稳固团队成员之间矛盾的手段之一。协调的效果往往是基于各部门、各专业人员之间沟通的次数和程度。在项目设计管理中，各个阶段的沟通方式和内容也不完全相同。

2.6.1　方案设计阶段

　　该阶段主要是与建设单位决策层、政府相关职能部门和设计单位沟通。做到提前与政府部门沟通，及时与建设单位沟通，深度与设计单位沟通并行，并建立完善的信息分类存储和查询体系，辅助建设单位和设计单位达到项目信息共享。

2.6.2　初步设计和施工图设计阶段

　　该阶段主要是对主设计单位与其他设计参与单位、设计管理单位内部职能部门策划、工程、造价、销售等与设计单位的协调、设计单位与审图单位的协调、工程即将涉及的材料商和设备商的沟通。该阶段要以项目的成本控制为核心，以项目的进度为导向，制定总体计划，做好各相关单位的纽带工作，及时整理并传达各单位之间的相互要求，解决工作中的矛盾问题。

2.6.3　工程施工及后续阶段

　　该阶段项目设计管理团队应组织设计单位密切配合，协同施工单位做好设计交底、图纸会审、设计变更、地基处理、隐蔽工程验收和交工验收等节点环节。

　　建设项目设计管理在不同阶段、不同部门、不同层级和不同环节中，都有不同的管理方式和办法，必须尽可能做到协同合作，进行深层次、深程度的沟通协调，有效地进行项目设计进度的推进，沟通、引导、协调各阶段、各部门、各层级和各环节在项目全过程中目标相同、步调一致、责任明确、成果显著、矛盾缓和，最终达成一致。

2.7 设计管理的采购管理

随着建设项目对建筑人性化、智能化要求逐步提高，为实现项目定位和功能，除传统的建筑材料外，相关设备的采购也直接影响到设计工作以及整个项目的进度、成本和质量。

在设计管理的过程中，要详细分析和完善优化建筑功能，为准确选取设备型号、容量等要求做好数据支持，同时应对所涉及的产品在市场中的情况做充分的了解、分析和比较，必要时组织设计人员和相关工程技术人员对所需材料和设备进行考察、学习和论证，保证设计和下一阶段的施工、安装完整统一。

重视设计管理与项目采购的关系，理清各专业建筑材料及设备的需求，做好材料使用及设备采购的优化，可以方便项目的实施，降低项目运作成本，提高项目价值，为项目成功打好基础。

2.8 设计管理的风险控制

2.8.1 风险类型

在项目建设全过程中，设计管理的风险主要有以下三种类型，如图 2-4 所示。

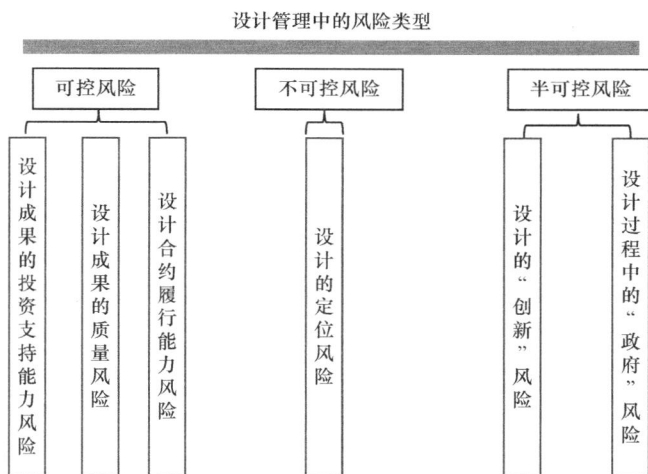

图 2-4 设计管理的风险

（1）可控制风险

可控风险又可以分为：设计成果的投资支持能力风险、设计成果的质量风险、设计合约履行能力风险。

1）项目设计成果的投资支持能力风险

投资支持能力风险基本发生在《项目可行性研究报告》阶段，造成原因主要有以下几点：市场定位的模糊，设计没有有效控制项目的个性定位和成本要求，错误判断企业资金筹措能力，项目设计成果成本分析严重失误，违背国家和地方政府的行业政策，对国家经济环境把握不足，成本过程控制严重失控，意外因素过多等，从而导致项目资金支付能力达不到设计成果的目标要求。

2）项目设计成果的质量风险

在项目决策阶段，造成原因主要有：经济技术分析失误，项目设计成果品质与价格矛盾导致的质量问题。在设计阶段，造成原因主要有：违反国家政策、设计规范和行业标准造成的"投机性"质量问题。在施工阶段，造成原因主要有：施工人员对设计有重大认识错误，擅自进行不合理设计变更。在施工管理过程中，造成原因主要有：没有对关键节点和关键过程进行跟踪、检查和处理，对设计变更管理不严或不及时，造成现场处理不及时，无法有效协调因"质量"问题造成的纠纷冲突等。

3）合约履行能力风险

在项目建设过程中，包括土地、融资、设计、地质勘察、成果审核、招标代理、施工、材料设备供应、质量检测、销售等各项合同、协议的签约、履约过程中，由于项目的不可重复性，建设周期长，涉及面广，在关键阶段控制失误，给项目建设造成的风险。比如为了提高建设"效率"，仓促确定设计单位和施工单位，无节制压缩设计周期和建设周期，不严格遵守建设和报批程序等。

（2）不可控风险

不可控风险主要是指项目设计的定位风险。建设项目的市场定位包括项目的产品定位、产品质量定位、建设环境品质定位，这些都是以市场调研、经济技术分析、可行性研究报告为基础，也是指导项目决策、项目设计、项目营销策划方案等前期工作的依据。项目的市场定位的确定直接决定了项目的建设风格、投资成本、营销方案和销售前景。按照风险影响范围，市场定位和项目指导思想的风险是项目开发过程中最大的总体决策性风险，后期各个阶段都无法或很难弥补。

（3）半可控风险

半可控风险主要包括设计的"创新"风险和设计过程中的政府"风险"。创新本身就是一种风险。在有限的资源条件下，使企业持续稳步发展，追求计划利润，从而获得既定利益。但在基础资料和投资研究不充分的情况下，盲目追求项目设计与周边同类同行业项目的"独特性"和"差异性"，这种"创新"便会直接导致项目的失败。

2.8.2　风险控制

通过风险识别、风险评估和风险评价，选择和优化组合各种风险管理技术，对设计管理风险实施有效控制，妥善处理风险导致的后果，以最少投资成本获得最大保障。在设计管理中建设单位的风险控制主要体现在以下几个方面：

（1）合理界定项目设计风险范围

明确项目设计目标，合理界定项目设计范围，细分项目设计任务，加强对项目设计范围变动的控制。识别、分析和评价项目设计可能存在的风险因素，在《项目设计管理规划》中，提出解决问题、规避风险的方法、措施，指导项目设计和建设。

（2）强化设计风险管理的计划手段

要把设计管理的风险分解到各个阶段，在满足计划要求的基本目标、基本原则和基本要求的基础上，做好风险监控。

（3）加强风险过程动态控制

根据实现目标的实施环境，坚持"事前控制""事中控制"的原则，依据《项目设计管理规划》给定的方法、措施进行适应性、符合性识别，进行分析评估或测算评价，给予合理调整，减少项目执行过程中的不确定因素，规避潜在风险转化成显性风险的可能。

（4）确保项目设计信息沟通顺畅

明确项目设计岗位职责，合理组织管理架构，理顺项目设计管理内部以及与建设相关的各方关系，尤其注意经常出现误解和矛盾的组织间关系，为风险管理提供顺畅的信息保障。

（5）加强项目设计管理内部行为监督

监督和跟踪检查项目规章制度、工作标准、工作流程的执行情况，及时向决策层提供修改计划的依据，向计划实施层提示计划执行的偏离情况，对预料中的风险或风险因素进行有效的控制和管理。

2.9 设计后评价阶段

建设项目评价是工程项目竣工投产、生产运营一段时间后，再对项目的立项决策、设计施工、生产运营等全过程进行系统评价的一种技术经济活动。

通过建设项目后评价，可以达到肯定成绩、总结经验、研究问题、吸取教训、提出建议、改进工作、不断提高项目决策水平和投资效果的目的。

2.9.1 全过程设计管理的实施情况

为强化质量意识，减少设计错误，技术处应组织对当年完成的施工图设计进行定期质量抽查，以便及时发现设计质量问题、纠正错误。措施如下：

（1）图纸抽查由技术部门组织，设计院各专业总工程师负责，按专业图纸进行具体的质量检查。

（2）每年从各设计所完成的设计项目中随机抽取。有计划地进行定期抽查。

（3）质量抽查依据为现行的住房和城乡建设部《施工图设计文件审查要点（试行）》《工程建设标准强制性条文》及《建筑工程设计文件编制深度规定》和国家现行设计规范等。

（4）质量抽查处理设计规定：对抽查中发现的重大技术问题、违反"强制性条文"者、缺少主要图纸等问题，按院有关质量管理文件规定进行处罚。

（5）质量抽查结束后，各专业总工应将问题汇总，由技术处写出质量抽查总结，发至各设计所，各专业由各专业总工召开本专业设计人员参加的质量剖析评审会，分析原因，总结经验，吸取教训。采取有效的改进、纠正和预防措施，避免类似事件的再次发生，实现设计质量管理体系的持续改进。

2.9.2 满意度调查

建筑改造项目的全过程设计管理应建立以顾客及相关方为关注焦点的质量管理体系及

经营理念，利用客观的监控系统，综合评估客户对设计院设计服务的满意度，以了解客户需求与期望的差距，作为建筑改造项目全设计管理水准的评判，同时作为营运管理可持续改进的依据，更好地为设计院以后项目的经营、生产服务。

（1）设计回访

设计回访针对设计院的主要客户，由技术处组织，主管生产副院长牵头，院各专业总工程师负责，按各设计所有上报的具体客户进行分批次回访。

设计回访结束后，由技术处写出回访记录和总结，发至各设计所，各个设计所召开所有设计人员参加的回访剖析会，根据甲方反馈的回访意见和建议分析原因，总结经验，吸取教训。采取有效的改进措施，实现设计质量管理体系的持续改进。

（2）顾客满意度调查

每年年末或工程结束时，技术处向客户发出《顾客满意度调查表》，了解客户对设计院的真实满意状况。

有关电话或书面的客户投诉事项，针对造成客户不满意发生的事实，由技术处人员汇总后，提交相关部门进行检讨并采取纠正措施。

2.9.3　全过程设计管理的持续改进

持续改进是增强全过程设计管理要求能力的循环活动。持续改进就要不断地寻找改进的机会，采取适当的改进方法和方式，改善全过程设计管理的流程，提高质量，提高管理体系的适宜性、充分性和有效性。

持续改进可通过以下活动或方式展开：

（1）通过质量、方针、目标的建立、实施和评审，营造一个激励改进的氛围与环境。

（2）通过目标的完成情况，在明确改进方向的前提下，提出对管理体系的改进措施，并落实实施。

（3）针对设计生产的不合格项，做出响应，采取纠正措施，防止类似问题重复发生。

（4）针对出现的事件、事故等，进行原因分析，制定并实施纠正措施。

（5）其他持续改进活动，如创新、重组等。

第 3 章　　新建建筑工程的全过程设计管理

3.1　投资决策阶段

在项目投资决策阶段，包括项目区位选择、财务测算、风险分析、项目盈亏平衡及现金流分析等，这些内容直接决定了项目的成败。该阶段设计管理的首要工作是帮助业主明确和确定项目设计目标，在设计、质量、进度和成本之间寻找最优平衡点，并在之后每一个阶段的具体实施中做好以下几点：

（1）加强市场调研，完善调研内容

通过广泛的市场调研、考察，充分了解国家、地方相关法规、政策，全面收集和科学整理市场数据，借鉴同行业的数据，并根据实际情况，结合潜在的市场需求及投资预期，确定可能的投资项目，为投资的可行性分析提供全面有效的数据支撑，为整个项目打好基础。

（2）完成开发概念方案设计工作

在该阶段应完成概念方案的设计，包括项目的业态策划及空间规划、项目实施流程、项目建设分期、项目环境测评等。

（3）核算技术、经济等相关数据参数

依据已经形成的多种建设方案，计算出相关的技术、经济参数指标，例如项目总建筑面积、容积率、建筑密度、各业态面积比例等，并初步提出项目投资估算等相关数据。

（4）对比分析经济指标

依据整理计算获得的相关参数，运用精确的计算和科学的分析手段，对多方案展开全方位对比分析，客观判断各方案的利弊，针对各方案存在的问题提供相对应的改善措施和应对策略。

（5）筛选出最佳方案

在完成对项目相关技术参数指标的全面评估后，逐步完善规划，发现概念方案中可能存在的缺陷，制定出最优方案。

3.2　勘察阶段

岩土工程勘察是指根据建设工程的要求，查明、分析、评价建设场地的地质、环境特征和岩土工程条件，编制勘察文件的活动。其目的主要是查明工程地质条件，分析存在的地质问题，对建筑地区做出工程地质评价。岩土工程勘察结论不仅是进行上部建筑设计的重要依据，也是项目选址以及可行性研究的重要依据。

3.2.1　勘察阶段划分

一般项目岩土工程勘察可分为可行性研究勘察（选址勘察）、初步勘察和详细勘察三个阶段，对场地工程地质条件复杂或有特殊要求的项目，或施工期间需要针对某一特定问题进行专项研究的项目，还需要进行补充勘察或施工勘察。

3.2.2　各阶段的勘察内容

（1）可行性研究勘察阶段

可行性研究勘察阶段应对拟建场地的稳定性和适宜性作出评价，为项目选址和可行性研究分析提供有力的数据支撑。其主要工作内容包括：

1）搜集区域地质、地形地貌、地震、矿产，当地工程地质、岩土工程和建设经验等资料。

2）在搜集和分析已有资料的基础上，进行现场踏勘了解场地的地层、构造、岩性、不良地质作用及地下水等工程地质条件。拟建场地复杂，现有资料不能满足要求时，应进行工程地质测绘和必要的勘探工作。有两个及以上场地备选时应进行比选分析。

（2）初步勘察阶段

初步勘察阶段应对场地内拟建建筑地段的稳定性做出评价，为项目初步设计提供依据。其主要工作内容包括：

1）搜集拟建工程的方案资料、工程地质及岩土工程资料和场地地形图。

2）初步探明地质构造、地层情况、岩土工程特性和地下水埋藏条件等。

3）查明场地不良地质作用的成因、分布、规模、发展趋势，并作出稳定性评价。

4）初步判定地下水和土对建筑材料的腐蚀性。

5）对抗震设防地区的场地，应作地震效应评价。

6）季节性冻土地区应调查场地标准冻深。

7）对于高层建筑项目，还应对地基基础方案、基坑支护方案以及降水方案进行初步分析评价。

（3）详细勘察阶段

详细勘察阶段应提出详细的岩土工程资料和设计施工所需的岩土参数，对建筑地基做出岩土工程评价，并对建筑地基形式、基础类型、基坑支护、工程降水以及不良地质作用防治等提出建议，为项目施工图设计提供依据。其主要工作包括：

1）搜集项目建筑总平面图、地形图、建筑性质、规模、层数、结构形式、基础形式、荷载参数、变形要求等资料。

2）查明不良地质作用类型、成因、分布范围、危害程度，并提出整治方案。

3）查明建筑范围内土层类型、分布、深度、工程特性，分析评价地基稳定性、均匀性、承载力。

4）提供地基变形参数、预估建筑物的变形特征。

5）查明埋藏的河道、沟浜、墓穴、孤石等对工程不利的埋藏物。

6）查明地下水的埋藏条件，提供地下水位及变化幅度。

7）在季节性冻土地区，提供标准冻深。

8）判定水和土对建筑材料的腐蚀性。

岩土工程勘察质量的高低直接关系着项目建设质量的好坏，尤其是对项目设计的合理性和经济性起着至关重要的作用，因此做好岩土工程勘察工作是做好一个项目的基础。

3.3 设计阶段

在建设项目的选址和设计任务书已定的情况下，建设项目是否在技术上先进和经济上合理，设计起着决定作用。广义的设计服务是贯穿整个项目全过程的，既包括前期选址和可行性研究阶段的设计咨询，也包括项目建设实施过程中的设计交底及变更等服务，但对于整个项目而言，决定整个项目质量高低、成本控制成效的最关键阶段，无疑是从方案设计到施工图设计这个阶段。因此，狭义的项目设计服务就是从方案到施工图的这一阶段，本小节我们就重点阐述设计阶段的工作如何开展。

3.3.1 设计任务书编制

设计任务书是建设项目进行设计的具体要求，是提交给设计单位的技术文件，是建设项目设计工作的大纲，是进行方案设计、初步设计、施工图设计的重要依据，也是评判设计质量的重要依据。

（1）设计任务书编制的依据

1）批准的建设项目可行性研究报告；

2）规划局批复的宗地图；

3）规划局下发的项目规划要点；

4）国家有关标准及地方有关法规、规范、规程、标准等。

（2）设计任务书编制的内容

1）项目概况：包括项目区位、地块现状、周边配套、交通状况、地块总体建设指标等。

2）项目定位：包括目标客户群体定位、市场定位、建筑风格定位、形象定位等。

3）规划设计要求：包括规划设计原则及指导思想、规划指标要求、规划布局要求、开发顺序要求、道路交通要求、空间与园林景观要求、配套设施要求等。

4）建筑设计要求：包括建筑风格要求、建筑设计技术措施要求等。

5）其他专业要求：包括结构专业要求、电气专业要求、给排水专业要求、暖通专业要求、动力专业要求、总图专业要求等。

6）限额设计要求：包括结构含钢量限额要求、建筑外立面限额要求、景观限额要求、装修限额要求等。

7）各阶段设计成果要求：包括方案阶段成果要求、初步设计阶段成果要求、施工图设计阶段成果要求等。

8）各阶段设计工期要求：包括方案阶段工期要求、初步设计阶段工期要求、施工图设计阶段工期要求等。

3.3.2 方案设计

建筑方案设计是指在建筑项目实施之前，根据项目要求和所给定的条件确立项目设计主题、项目构成、内容和形式的过程。建筑方案设计工作是建筑设计的最初阶段，为初步设计、施工图设计奠定了基础，是具有创造性的关键环节。建设单位进行方案阶段设计管理的目的在于规范方案设计流程，确保与设计单位沟通到位、及时有效，为领导层决策提供及时有效的信息和方案，为报建、成本测算提供所需设计文件，为初步设计做好准备。

（1）方案设计阶段需要解决的问题

1）项目定位：项目定位是指建设项目在国家和地区相关的法律、法规和规划的指导下，根据本项目所在区域的经济、政治、人文和风俗习惯等，依据项目本身自有的特点和对未来市场发展趋势的判断，结合项目本身特有的其他制约因素，找到适合于该项目的客户群体，在客户群体消费特征的基础上，进一步进行产品定位的过程。项目定位准确与否直接关系到未来项目的销售业绩，因此方案设计阶段首先要解决的就是项目定位问题，只有项目定位准确，后面的设计工作才会更有针对性。项目定位的基础是充分的市场调研和准确的投资测算，根据企业利润最大化的原则，最终用数据投票来确定项目定位。

2）规划布局：项目定位确定后，为了实现项目定位和企业利润最大化，项目业态规划、地形分析、区位交通分析、配套分析、景观分析、日照分析、经济技术指标分析等工作组合起来就构成了项目规划布局。项目整体规划布局，首先，应该满足各建设行政主管部门的各项规划要求，比如规划局下发的规划设计指标必须满足、教育局下发的配套教育资源必须满足等要求。其次，要实现企业利润最大化，例如容积率指标必须用到极致，配套人防面积在政策允许范围内尽可能做到最小等。规划布局阶段的工作最关键的一点是充分理解建设主管各部门政策的深层含义，如何在合规与企业利润最大化两者间找到平衡点，才是建设单位进行高效设计管理的重要目标。

3）建筑风格：建筑风格是指建筑设计中在内容和外型方面所反映的特征，主要在于建筑的平面布局、形态构成、艺术处理和手法运用等方面所显示的独创和完美的意境。建筑风格的确定在项目设计过程中的作用不言而喻，说起一个项目，首先在大家脑海中呈现的便是建筑的外形和文化元素特征，这就是建筑风格的重要体现。另外建筑风格的确定对于项目命名的确定和项目档次的提升也有着牵一发而动全身的作用。项目设计过程中，建筑风格的确定不仅要听取设计单位对于建筑风格的理解，而且要结合项目营销策略和项目受众的接受程度等方面综合考虑，一个项目建筑风格可以是两种不同风格的结合，但这种结合不能是生搬硬套，而应该是相互融合，汲取不同风格的精华和优势，从而给客户留下深刻的印象，产生强烈的反响。

4）单体方案：单体方案是项目总体定位、整体规划布局和建筑风格确认后的具体化操作。定位如何体现，规划如何落地，风格如何展现，这些最终都将在单体建筑方案中表达，因此单体方案是承接初步设计阶段的重要过程。单体方案的主要工作是确定单体效果、确定单体平面布局、确定单体经济技术指标等。其中确定单体效果即是解决建筑风格如何展现的问题；确定单体平面布局是解决总体规划布局是否合理的问题，同时也是解决客户基本需求的问题；确定单体经济技术指标是为了复核总体规划布局中总经济技术指标能否实现。

5）成本测算：方案阶段成本测算的主要工作是根据方案设计阶段所提供的方案设计文件进行投资估算。其目的主要是与可研阶段的投资估算进行比较，如果出入过大，需报请建设单位研讨，调整设计方案。当然在设计方案比选阶段，也会利用各方案投资估算与产出比较，进而为确定最终方案提供数据支撑。

（2）方案阶段需要提交的设计成果

1）设计说明书：

设计依据：与方案设计有关的政府批文、法律法规及规范、标准、方案设计任务书、项目可行性报告等。

设计基础资料：包括气象条件、地形地貌、水文地质、地震区划、地质勘查初步资料等。

简述建设单位和政府相关部门对项目方案设计的要求。

2）方案设计的范围和内容：包括功能项目和配套设备设施的情况。

3）工程概况：包括总建筑面积、总投资额、可容纳总人数以及设计标准等级等。

4）主要经济技术指标：包括总用地面积、总建筑面积及各分项建筑面积、建筑基底面积、绿地面积、容积率、绿地率、建筑密度、停车位数等，以及主要建筑或核心建筑的层数、层高和总高度等控制性指标；根据不同的建筑功能，还应表述能反映工程规模的主要技术经济指标，如住宅的套型、套数及每套的建筑面积、使用面积，旅馆建筑中的客房数和床位数，医院建筑中的门诊人次和病床数等指标；当工程项目（如城市居住区规划）另有相应的设计规范或标准时，技术经济指标应按其规定执行。

3.3.3 初步设计

初步设计是方案设计的延伸与深化，是施工图设计的基础和纲领，也是建设单位项目成本控制与施工招采准备的重要参考依据。进行初步设计阶段管理的目的在于规范初步设计流程，确保方案阶段的成果得到延续和深化，为报批报建、整理项目投资概算提供所需的设计文件，为施工图设计做好准备。

（1）初步设计阶段需要解决的问题

规划报建：规划报建是指从项目规划方案确定到规划部门核发项目《建设工程规划许可证》阶段的所有工作。规划报建并非官方术语，它不仅包含向规划部门的报建，同时也涵盖了向消防、人防、环保、市政、自来水、供电、燃气、园林、安审等部门的报建，是一个极其复杂繁琐的过程。初步设计阶段设计部门的主要任务就是向各个主管单位报建时提供符合相应单位要求的设计文件。因此这一阶段设计部门管理工作的重点应该是充分学习理解各主管部门的报建要求文件并督促设计单位按时保质完成相关设计文件的制作。

项目概算：初步设计阶段另一项重要的任务就是根据相关初步设计文件编制项目概算。其主要目的是为了评判设计工作是否按照定额设计的原则贯彻执行。如果项目概算与投资估算相比超额过多，成本部门有权要求设计部门对现有设计进行相应的修改。因此设计管理部门在初步设计阶段除了控制好设计质量及进度外，还应时刻关注项目成本的变化是否在允许范围之内，如果因为概算超标造成设计修改，而影响到报建进度，将会对整个项目的进度产生巨大的影响。

（2）初步设计阶段需要提交的设计成果

1）设计说明书

设计依据：包括法律法规、政府部门批文、可研报告、方案文件、项目所在地气象、地质条件、配套设施及交通条件、各部门报建要求等文件。

项目建设规模和设计范围：包括工程设计规模及项目组成、分期建设情况、设计范围与分工等。

设计要点综述：包括环保、防火、交通组织、节能、用地分配、人防等的设计原则，使用新材料、新技术的情况等。

总指标：包括总用地面积、总建筑面积及其他经济指标。

设计审批时需要解决的问题：包括各政府部门协同工作的问题、投资方面的问题、设计标准选用问题、基础资料与实际不相符影响进度问题。

2）总平图

设计说明：包括设计依据、场地概述、总平面布置、竖向设计、交通组织、主要经济技术指标等。

场地概述：包括场地区位、场地地形地貌、场地内原有建筑物（构筑物）拆除及保留情况，概述与总平面设计不利的因素（地震、湿陷性、岩溶、滑坡等）。

总平面图：包括保留的地形地物、场地红线、坐标，场地四邻及道路位置、主要建筑物位置、名称、层数、建筑间距，道路广场的主要坐标、停车场及停车位，消防车道及高层消防登高场地布置，绿化景观及休闲设施的布置，主要经济技术指标等。

竖向布置图：包括场地道路、地面及其关键性标高、建筑物的室内外设计标高、主要道路广场的起点、变坡点、转折点、终点的设计标高以及场地的控制性标高等。

交通组织：包括与城市道路的关系、基地人流车流组织、路网结构、出入口、停车场布置及停车位数量确定、道路主要设计技术条件等。

3.3.4　施工图设计

施工图设计是指从初步设计文件经政府主管部门审批通过到全套施工图设计文件交付，并完成相关施工图技术交底的设计工作阶段。施工图设计文件是项目具体实施的依据，与项目质量、进度、安全都息息相关，同时也是项目预算编制和施工招标的依据，因此做好这一阶段的设计管理工作至关重要。建设单位进行施工图设计阶段管理的目的在于规范施工图设计流程，确保方案和初步设计的成果能得到延续和深化，为施工招标、编制项目预算提供所需的设计文件，为项目的顺利实施打下坚实的基础。

（1）施工图设计阶段需要解决的问题

规划建筑方案具体落地：施工图设计阶段主要任务就是将项目方案具体落地，因此在方案阶段和初步设计阶段一些没有具体落地的问题都必须在这一阶段得到解决。如果确有部分方案细节由于现阶段技术原因无法落地实施的，必须会同方案设计单位协商解决，必要时可以修改方案和初步设计的部分细节做法，以保证项目顺利实施。

（2）施工图设计阶段需要提交的设计成果

1）各专业施工图

总平面图：包括用地范围、道路红线、建筑红线；场地四邻及原有规划道路的位置、主要建筑物的位置名称、层数、坐标；广场、停车场、运动场地、道路、无障碍设施的位置坐标；竖向布置图；管网综合图；绿化景观布置图等。

建筑专业施工图：包括设计说明、各层平面图、立面图、剖面图、楼梯节点详图等。

结构专业施工图：包括设计说明、基础平面图、基础详图、结构平面图、构件详图、楼梯及节点详图、幕墙结构图、钢结构等。

给排水专业施工图：包括设计说明、给排水综合平面图、各层平面图、系统图、局部设施图、详图等。

电气专业施工图：包括设计说明、电气总平面图、变配电站、配电照明、建筑设备监控系统及系统集成、防雷接地及安全、火灾自动报警系统等。

暖通专业施工图：包括设计说明、平面图、通风空调剖面图、通风空调机房平面图、机房剖面图、系统图、立管图、详图等。

2）各专业计算书

建筑专业计算书：包括节能计算书、消防计算书等。

结构专业计算书：包括计算总信息、荷载信息、构件信息、输出构件配筋信息、基础计算书、楼梯计算书等。

给排水专业计算书：包括生活及消防水量计算书等。

电气专业计算书：包括用电负荷计算书、设备选型计算书等。

暖通计算书：包括空调计算书、通风计算书等。

3）项目预算书：包括封面、签署页（扉页）、目录、编制说明、建设项目总预算表、单项工程综合预算表、单位工程预算书。

施工图预算：项目施工图交付后，项目成本部门会依据施工图纸进行项目预算编制，因此项目预算准确与否与项目施工图的质量关系密切，如果设计质量较差造成后期变更较多，就会造成预算与施工实际成本差异较大，因此为了提高设计质量，有必要赋予成本部门对设计质量评价的权利，当项目实际成本远超预算时，可将设计质量评价调低。同时项目预算也是施工招标的重要依据，因此施工图设计进度的快慢也直接关系到整个项目整体进度。

3.3.5　优化设计

很多工程人一听到设计优化这个词，就直接和降成本、抠钢筋联系到了一起，这其实是进入了一个误区。确实现阶段有很多优化打着"优化设计"的幌子，干的就是死抠规范下限，从施工图中抠钢筋的工作，但这不是真正的优化。从价值工程的概念出发，在功能不降低的前提下，成本更低，则价值更高；或者成本相同的前提下，功能提升则价值更高；亦或者在成本略有提高的前提下，功能有大幅度提升则价值更高。以此判断，在工程项目中，不加区分，按照规范底线抠钢筋的做法，虽然成本可能会略有降低，但其造成的后果是降低了建筑的安全度。用价值工程的理论来分析，成本略有下降，但功能却大幅降低，反倒是价值降低了。

（1）优化设计的原则

1）合理性：设计优化应建立在合理的基础上，不降低功能即合理。比如一个高端楼盘项目，设计方为了提升楼盘档次，将外墙设计为石材幕墙，因石材幕墙价格太高，为降低成本改成铝塑板幕墙，可以节约 30% 的成本。但是因为铝塑板的质感和天然石材差很多，成本是降低了，但高端楼盘的档次一下子就拉低了，因此不合理。那怎样优化才算合理呢？设计方采用的是新疆的天然石材，由于天气和环保的原因，新疆的矿山每年只能开采半年，其他时间都要封矿，因此采用新疆石材不仅运费价格高，而且货源不能保证，会造成工期延误。而改为福建石材，质地品相与新疆石材相当，路程近，而且地处南方，环保压力不大，不仅运费可以节省，而且货源也充足，可以按照项目进度及时供货，这样从进度和成本两个方面都有利，这就是合理的优化。

2）可行性：优化措施不能仅停留在设计图纸上，必须结合项目当地的地方法规、规范和施工技术水平等，能执行、可操作。例如，中国北方地区以土质地基为主，CFG 桩处理地基承载力较低区域地基承载力的方法应用非常普遍，但在南方地区以淤泥地基为主的区域就不能采用这种地基处理办法。

3）前置性：设计优化在项目实施过程中尽可能前置。最好的设计优化阶段是方案设计阶段，方案阶段确定的建筑风格、建筑总体布局、单体建筑体型等对后期施工图各个专业的影响都非常大，所以优化在方案阶段介入，才能让设计优化有更大的发挥空间，优化的效果也要比施工图设计阶段介入显著得多。

（2）各阶段优化设计具体措施

1）方案设计阶段优化

总体规划布局优化：建筑单位成本总的来说地下远大于地上，人防远大于非人防。因此总体布局的优化主要体现在：

① 地下面积尽量少。目前项目地下空间主要用于停车和设备用房，因此在满足规划停车位要求和设备使用的前提下，尽可能减少地下空间，一层地下室能满足的坚决不建两层。

② 人防面积尽量少。每个项目的人防面积跟建筑密度和基地面积有关，因此在同样容积率的要求下，尽可能降低建筑密度和基底面积，以减少人防面积。

建筑风格优化：大多数建筑风格都是通过外立面的线条来区分表达的，但有些线条在施工图阶段实施起来是非常麻烦的，不仅会造成建筑成本的增加，而且会增加不少的人力成本，所以选择建筑风格时，尽量选择线条简单容易实现的。

单体建筑平面优化：这里主要是建筑体型，建筑体型规则与否，直接关系到施工图设计阶段的算量和建筑节能，因此在满足建筑效果的前提下，尽可能选用体型简单、规则的单体平面。

2）初步设计阶段优化

建筑材料优化：建筑材料在项目成本中所占比例较大，因此建筑材料有不小的优化空间，包括外墙材料、保温材料、门窗材料、防水材料、幕墙材料等。

结构方案优化：主体结构在项目成本中占比也相当大，在初步设计阶段结构方案将明确，因此应提前介入进行优化。包括结构形式选择、构件尺寸大小、选用材料等级等都有较大优化空间。

设备方案优化：选取合适的设备用房位置，使设备路线最短；选择合适的设备形式，例如供暖系统是采用中央空调还是采用集中供暖；选择适当的设备型号，包括变压器、水泵、风机等。

3）施工图设计阶段优化

如果设计优化在方案和初步设计阶段已经充分介入并结合设计方案提出了相应的优化措施，那么施工图设计阶段的优化空间已经非常小了，主要是一些细节做的是否到位的问题。比如建筑节点做法，结构二次构件的做法，设备专业管线布置等。

3.3.6　各专业沟通协调

目前国内建设项目普遍存在设计周期短，报批报建手续繁琐等问题，因此如何提高设计工作效率是各位设计管理工作者都必须要面对的问题。设计工作涉及专业很多，既有前期的建筑、结构、给排水、电气、暖通、总图等，也有后期的幕墙、智能化、灯光、标示标牌、景观园林等，这么多专业交叉，唯有使各专业能统一协调调度才是提高工作效率的最有效办法。

（1）各专业协调调度

项目设计负责人负责制：与该项目设计相关的所有问题均由项目设计负责人负责，包括设计进度控制、质量控制、成本控制、后期服务以及各专业协调调度。所有的专业协调问题都通过项目经理来协调处理，不需要其他相关人员参与就能保证，各设计专业不至于接收到多重命令而无所适从，甚至出现相互扯皮的现象。

责权利统一：要保证项目设计负责人负责制能顺利有效的实施，并提高管理效率，必须赋予项目设计负责人与责任对等的权利。首先，项目经理是各专业参与人员的直接评价人，各专业设计配合度的高低由项目经理直接打分，年终各专业参与人员评优评先直接与分数高低挂钩。其次，由于参与专业多，项目设计负责人承担的责任重大，因此要保证设计管理高效，必须为项目设计负责人制定公平且便于操作的考核体系，考核优秀，给予相应的物质和精神奖励，考核不合格，给予相应的处罚。

垂直化管理：为了提高各专业协调调度的效率，管理路径越短越好，尽量实行垂直化管理，各专业参与人员只对项目设计负责人负责，每个人只有一个直接领导，这样的管理模式就便于指令的执行，提高执行效率。

（2）利用工具提高各专业调度的效率

利用 BIM 软件等协同设计软件辅助管理。用合适的软件进行设计管理不仅能提高设计管理的效率，而且能减少设计图纸中的错误。举一个最简单的例子，没有利用协同设计软件时，设备专业在出图之前，往往都需要建筑专业提供最终版的图纸进行套底图，但是建筑专业在向设备专业提图之后，可能会改动某些细节部分，这样就会造成建筑专业图纸与设备专业图纸不符的现象，但利用协同设计软件之后，这种顾虑就没有了。因为所有专业都是在协同平台上进行设计的，建筑专业做任何修改，在平台上都会自动更新，也就是说即使建筑专业在出图之前又改动了部分细节，协同平台会自动将修改文件更新，相关设备专业的底图也会随之修改。

3.3.7　设计评审

设计评审是对各阶段设计文件的审查，是为了避免出现设计深度不足以及设计错误等问题进行的质量控制手段。这里所说的设计评审主要是建设单位内部评审。

（1）方案设计阶段设计评审

1）评审程序

项目经理组织内部评审会对设计单位提交的方案设计成果进行评审并提出修改意见。设计负责人（建设单位负责设计管理的人员）、成本负责人、营销负责人、物业负责人以及分管领导参加评审会并形成决议。设计负责人整理总结，形成方案设计评审会议纪要，相关参会人员会签。

设计负责人整理并向设计单位提交修改意见，设计单位应根据评审意见对方案进行修改完善，设计负责人负责评审意见在设计方案中落实，在规定期限内进行设计方案调整。

设计负责人对设计单位修改后的方案进行审核签收。设计负责人、营销负责人、成本负责人以及分管领导进行会签。

2）评审要点

设计负责人及相关专业人员检查方案文件，落实其是否满足国家政策、规范和公司要求。重点审查方案设计文件是否满足设计任务书要求。必要时，结构专业人员应对方案进行结构试算比选，以评审结构方案合理性、经济性。

成本负责人检查方案设计文件各分项是否突破成本测算要求，且应根据调整完善后的设计方案进行项目分项成本匡算。

营销负责人检查设计方案是否满足项目产品定位要求，产品类型、户型面积、比例、建筑风格建议的合理性。

物业负责人检查设计方案中是否存在客户投诉风险，并检查方案是否满足物业管理模式要求。

3）评审标准

设计深度要求：图纸深度是否满足设计任务书和规划报建的要求。

规范要求：方案设计是否满足国家相关设计规范要求，包括消防、规划、环保、电力、市政、燃气等方面的规范和主管部门的文件。

成本要求：工程概算是否在允许范围之内。

建设单位要求：建设单位的特殊要求是否满足，比如概念主题是否突出、品牌要求等是否显示。

（2）初步设计阶段评审

1）评审程序

设计负责人组织内部评审会对设计单位提交的初步设计成果进行评审并提出修改意见。设计负责人、成本负责人、营销负责人、报建负责人以及分管领导参加评审会并形成决议。设计负责人整理总结，形成初步设计评审会议纪要，相关参会人员会签。

设计负责人整理并向设计单位提交修改意见，设计单位应根据评审意见对初步设计文件进行修改完善，设计负责人负责评审意见在初步设计文件中落实。在规定期限内进行初步设计文件调整。

设计负责人对设计单位修改后的初步设计文件进行审核签收。设计负责人、营销负责人、成本负责人以及分管领导进行会签。

2）评审要点

设计负责人及相关专业人员检查初步设计文件，落实其是否满足国家政策、规范和公司要求。重点审查初步设计文件是否满足设计任务书要求。平面布局、结构选型、基础形式选择、各种设备选型是否合理。

成本负责人检查初步设计文件各分项是否突破成本估算要求，且应根据调整完善后的初步设计文件进行项目成本概算编制。

营销负责人检查初步设计文件是否延续设计方案的思想风格，产品类型、户型面积、比例是否符合营销的需求和建议。

报建负责人检查初步设计文件设计深度是否满足各种报建深度的需要。

3）评审标准

设计深度要求：图纸深度是否满足设计任务书和规划报建的要求。

规范要求：初步设计是否满足国家相关设计规范要求，包括消防、规划、环保、电力、市政、燃气等方面的规范和主管部门的文件。

成本要求：确定成本构成，并确认项目概算是否在允许范围之内。

建设单位要求：初步设计文件是否延续方案设计中的精髓和闪光点，是否对方案意见进行了修改，是否贯彻了业主意图、实现品牌策略。

（3）施工图设计阶段评审

1）评审程序

设计负责人组织公司相关部门进行施工图评审并形成决议。参会人员包括：设计负责人、成本负责人、营销负责人、工程负责人、物业负责人、分管领导。

设计负责人负责整理评审记录，并会同相关部门会签。

设计负责人将评审中发现的问题汇总并提交设计单位进行修改补充，设计负责人负责跟进评审意见的落实，施工图文件修改补充。

设计负责人对设计单位修改后的施工图设计文件进行审核签收。设计负责人、营销负责人、成本负责人、工程负责人以及分管领导进行会签。总经理审核后定稿。

2）评审要点

设计负责人及相关专业设计人员重点检查设计深度及设计质量，特别注意采用供应商供货及安装的分部或专项设计，例如游泳池水下照明、监控系统等，这些往往缺少施工图，项目结束后也无竣工图，造成验收不合格。

成本负责人检查设计成果是否符合项目成本概算要求，并编制完成项目成本预算。

报建负责人检查设计成果是否满足消防、规划、人防等部门的要求并达到报建深度。

工程负责人检查施工图细部做法是否满足施工现场的要求。

物业负责人检查物业服务用房是否能满足物业工作的需求。

3）评审标准

设计图纸是否满足国家相关法律规范的要求；

设计图纸深度是否达到国家要求和公司要求；

各专业施工图之间是否存在相互矛盾，设备布置与周边环境是否相冲突；

设计图中是否存在施工技术能力和现场条件难以解决的技术和工艺难点；

特殊结构或新型材料是否能满足施工需要；

图中选用的设备是否存在不合理或有质量瑕疵的问题；

是否突破项目成本；

施工图中产品类型与销售宣传是否一致；

设备选型、装修标准是否与销售宣传一致。

本节所讲的设计阶段设计服务是全过程设计管理中非常重要的一部分，也是设计管理最核心的部分所在。由于该部分涉及的专业知识量非常大，因此在这里我们只能从管理的层面加以简单的阐述，以便于非专业的设计管理人员对设计过程能有个整体的概念，至于其中各个环节深层技术层面的专业知识，还需要借助其他专业书籍来答疑解惑。

3.4　设计阶段的造价控制

项目设计阶段造价控制主要是指在保证项目前期预定目标的情况下，采取相应措施确保设计阶段工程造价的有效控制。包含事前控制（投资估算）、事中控制（项目概算、预算）、事后控制（竣工决算）三个阶段的内容。具体如下：

在项目投资估算的基础上，进一步的结合项目设计具体实施方案、初步设计，出具项目概算，针对项目概算与前期投资估算的对比分析，给出意见，指导项目设计阶段的具体工作。

结合概算估算的分析意见，划分各单项、专项项目的直接费用，提出设计限额，对实施方案做出对比分析，确定项目施工图设计方案。

施工图设计完成后，由预算编制人员编制项目施工图预算，并与前期概算、设计限额进行对比分析。必要时对施工图设计进行优化修改。

竣工后的决算与预算对比分析。

3.4.1　设计方案比选

设计方案比选是设计阶段的重要环节，包含工程既定目标的实现程度和各实现程度下的技术经济指标的情况。通过技术比较与经济分析、项目投资效益评价，平衡技术先进与经济合理间的关系，使两者协调统一，在满足经济技术指标的同时实现既定项目功能等预定目标的重要措施。

设计方案比选一般采用技术经济目标分析，即将技术目标与经济指标有机结合。按照实现工程功能效果，针对不同技术方案，分析其经济指标，从而选出经济效果最优的方案，亦即在确定技术目标的前提下，以经济性为考核指标作出选择。

（1）方案比选的具体操作步骤如下：

按照实现功能、技术标准、投资估算文件的要求，结合项目所在位置等因素，由设计团队或者若干设计团队给出可能的多个方案；

从这多个方案中，根据实现工程功能效果的程度遴选出几个较为满意的方案作为选择目标方案；

根据设计方案评价目标，明确比选的任务和若干关键项和次关键项，并确定各关键项与次关键项所占的比分权重；

对备选方案按照上述权重进行打分；

根据各备选方案的得分情况，选择出设计方案中最优的方案；

再对落选方案的部分关键项和次关键项的得分情况进行分析，对已选方案中提出优化建议；

项目设计全过程管理负责人召集相关设计团队、造价分析管理团队、建设单位共同商讨，确定实施方案和优化意见。

（2）设计方案的比选方法

设计方案的比选一般有单指标法、多指标法和综合因素评选法。

单指标法是采用单一指标作为评价标准对设计方案进行综合分析与评价的方法。但是这个单指标并非唯一指标，常用指标有综合费用法、设计使用年限总费用法、价值工程法等。即固定其他因素，单一考察上述指标的方法选择出最优方案。

多指标法是采用几个关键指标，根据其重要程度确定其在评价过程的权重确定评价分值，对备选方案进行评价，选择最优方案。

综合因素评选法是多指标评价法的一个特例，即扩大指标选项，给出考察项的分值，对各备选方案进行细致评价，选择最优方案。当然这个方法需要更多的工作投入和涉及面更广的技术人员的参与，也带来更长的评价周期，一般用于相对较复杂、规模更大的项目。

（3）设计方案优化

设计方案优化能促进设计质量的不断提升，针对项目本身达到了更优的经济技术效果，对行业来讲也提高了设计技术力量的锻炼与培养。在设计方案比选的过程中会发现各方案某些方面的优点，汲取众长，使最终的实施方案集众方案之长。也能显露出工程设计过程中的一些难点和重点，在后期的设计过程中能针对这些难点和重点采取有效措施，解决难点，突出重点，从而做出各方面都相对完善的设计成果（最优设计文件）。

3.4.2 限额设计

限额设计是指依据批准的可行性研究报告、批准的项目投资估算（批准的设计概算）确定的主要技术经济指标，分析并罗列出工程主要材料、设备的单方含量，指导施工图设计（初步设计）阶段的执行过程，即为限额设计。限额设计可以有效控制工程造价和项目投资，但不是过分压低工程造价，降低钢筋、混凝土等主材含量，甚至突破设计规范、规定的所谓的"限额设计""设计优化"等概念，而是正面的、积极主动的工程造价控制措施。

限额设计的前提是不能降低工程设计标准，不能减少或者降低工程使用功能、工程规模，即在投资额度不变的情况下，实现使用功能和建设规模的最大化。限额设计存在于工程设计的各个阶段，但是施工图设计文件是工程设计阶段的最终成果，是施工图预算编制的最主要依据，也可以说是施工图预算与工程结算、决算等工程造价成果的最根本的决定性因素。因此施工图设计阶段的限额设计非常重要，本节主要阐述施工图设计阶段的限额设计。

限额设计强调的是工程技术与经济的统一，需要项目设计人员（团队）与工程造价分析管理人员（团队）密切配合。项目设计人员（团队）在施工图设计时，需要考虑工程项目设计使用年限内的总成本，考虑工程造价的各种影响因素，对各专业技术方案进行比较分析，选用最优化的技术方案；工程造价分析管理人员（团队）及时配合设计人员（团队）进行技术经济分析、论证，共同完成对项目工程造价的控制。

首先，确定施工图设计阶段的设计限额。依据批准后的设计概算文件，分解提取出各子项工程中建筑、结构、电气、给排水、暖通等专业的主要造价控制指标，比如建筑专业涉及的门窗、保温材料、防水材料、外墙饰面材料等；结构专业相关的各型号钢筋（钢材）、混凝土、填充墙块材等主要建筑材料；公用设备专业的管材、线材、电气设备、暖气通风设备、给排水设备、消防设备设施等的单方含量。结合初步设计阶段的设计深度，综合考虑施工图设计阶段与初步设计阶段的主要差异等因素确定相关主材、设备的单方含量（数量），即为设计限额的确定，一般是有一定的弹性范围，以考虑在初步设计阶段未能涉及的深化设计内容。设计限额是限额设计工作的目标，一旦确定不可随意改动。

其次，严格执行施工图设计阶段设计限额。施工图设计工作前期各专业技术措施的制定是决定限额设计执行的关键所在，因此各专业技术措施必须要结合前期制定的设计限额进行编写，后交施工图设计各专业总工、造价分析管理人员商讨确定。施工图设计各专业工种在施工图设计过程中要时刻对照限额设计目标，不做无谓的放大（缩小），不对使用功能和标准做大的调整，按照既定目标进行细节的设计把控，进行技术选择的比对，在经济技术指标方面做足分析论证比选工作。限额设计中，各专业工种的横向联系与配合也需要协调统一，工程技术经济指标与技术方案的实现是一个有机整体，也要防止为片面追求工程技术经济指标而偏废其他，限额设计只有在满足各项功能要求和各专业既定目标要求的情况下才是有效的。

施工图设计完成后，结合施工图预算成果文件，对施工图设计的技术经济指标进行论证，分析施工图预算是否满足设计限额要求，某种意义上也是对限额设计工作的有效性作出最终的检验与评判。

3.4.3　设计概算的编制与审核

（1）设计概算的内容

设计概算包含单位工程概算、子项工程综合概算、项目总概算三个层级。其中单位工程概算含单位工程的工程直接费、间接费、利润、税金及设备和工具购置费用；子项工程综合概算即为该子项各单位工程概算的综合；而项目总概算是各子项综合概算的累加，再计入其他费用、预备费、建设期利息、经营性项目流动资金等。当项目为单个子项时项目总概算即包含单位工程概算、项目总概算两个层级。工程设计概算是初步设计文件的重要组成部分。

单位工程概算：单位工程是具有独立设计文件，能独立组织施工作业，但不具有独立使用功能或者生产能力的工程项目，是子项工程的组成部分。单位工程概算是以初步设计文件为依据，按照规定规则、程序，计算出单位工程费用的成果文件，是子项工程综合概算的组成部分。按其工程性质分为建筑工程概算和设备安装工程概算两类。建筑工程概算含地基处理、土建、电气（含强、弱电）、给排水、通风、采暖、空调、智能化、海绵城市专项及附属幕墙（如有）、附属构筑物等工程概算；设备及安装工程概算包含电梯等机械设备、电气设备、消防设备、热力设备、工器具的购置及相关安装工程概算等。

子项工程综合概算：子项工程是具有独立设计文件，施工完成后具有独立使用功能或者生产能力的工程项目，即为各单位工程的集合。如一所学校包含教学楼、实验楼、体育馆、食堂、学生宿舍楼、教师宿舍楼、场区道路、室外操场、游泳馆等子项。子项工程概算以初步设计文件为依据，按照规定规则、程序，汇总各单位工程概算计算出的子项工程费用成果文件，是项目总概算的组成部分。

项目总概算：项目总概算是立项项目若干子项工程概算集合汇总、其他费用概算、项目预备费概算、建设期利息概算和经营性项目流动资金概算的汇编。

这三个层级归纳下来最基本的数据是单位工程概算。

2016 版《建筑工程设计文件编制深度规定》中第 3.10 节对设计概算的具体包含内容也进行了编列，内容详尽，此处不再罗列。

（2）设计概算的编制

1）设计概算编制依据与要求

设计概算编制依据：包括国家以及项目所在地政府的相关法律、法规、制度、规程、标准等要求；初步设计文件和费用资料。其中初步设计文件包含涉及各专业的设计说明、技术图纸、设备清单、材料清单等。

设计概算编制要求：应考虑项目所在地的主材、一般材料、设备的具体价格和供应情况，并合理预期相关价格浮动；还应考虑项目施工条件等。

2）单位工程概算的编制

单位工程概算包括单位建筑工程概算和单位设备安装工程概算两部分。单位建筑工程概算的编制方法有概算定额法、概算指标法、参照类似工程预算法等；单位设备安装工程概算的编制方法有预算单价法、扩大单价法、设备占比法及综合吨位指标法等。

① 单位建筑工程概算的编制方法

概算定额法：概算定额法又称为扩大单价法，是套用概算定额编制建筑工程概算的方法。在初步设计达到《建筑工程设计文件编制深度规定》的前提下，可以计算出具体概算分部、分项的工程量，套用概算定额，编制出概算文件，具体流程如下：

收集相关技术资料，熟悉工程初步设计成果文件，掌握相关施工程序和施工方案。

按照概算定额，列出各分部分项的条目，按照初步设计成果文件计算工程量，这一步也是非常重要的一步，所有工程量确保数据计算准确，严格按照工程量计算规则进行；计算完成后填入概算表。

确定各分部分项工程的概算定额单价。填入概算表，并分析出各类材料、设备台班、人工等指标，后将这些指标填入工料、人工分析表中。

计算单位工程材料、人工、设备台班等费用，并且统计汇总。完成直接工程费费用清单。

按照当地的相关规定和取费标准，计算出措施费。然后汇总直接费与措施费，再结合当地人工、材料信息价格进行调整，即完成直接费费用统计。

计算间接费、利润、税金。根据前期完成的直接费并结合各项取费标准，计算出间接费、利润和税金。

统计以上的直接费、间接费、利润和税金即为单位工程概算额，然后编写概算编制说明，即完成了单位概算的编制。

概算指标法：概算指标法是用拟建子项的建筑面积乘以条件相同或相近工程的概算指标计算出直接工程费，然后计算出措施费、间接费、利润和税金，统计出单位工程概算的方法。这种方法只能是近似的概算数值，如果参照的相同或相似工程与该工程差异较大或者时间上相差较大时，采用概算指标法与概算定额法计算数值会偏差较大，一般不建议采用。

参照类似工程预算法：参照类似工程预算法是利用各种条件相近或类似的已经完成预算的工程预算资料编制设计概算的方法。与上述概算指标法类似，也是存在各种条件的限制，虽然可以结合两个项目时间上材料价格差异进行适当调整，但其准确性相对于直接采用项目初步设计文件编制出的单位工程概算会存在一些偏差。

②单位设备安装工程概算编制方法

单位设备安装工程概算包含单位设备、工器具购置费概算和单位设备安装工程费概算两部分。

单位设备、工器具购置费概算是根据初步设计成果文件列出的设备清单，采集设备价格，汇总出设备总价，然后按照规定的设备运输及其他费用费率算出相关费用，与设备总价合计；统计工程所需工器具购置费；两项汇总而成。

单位设备安装工程费概算同样是根据初步设计成果文件，安装工程概算定额编制而成。先根据初步设计成果文件计算安装工程具体各分部分项工程量，套用安装工程概算定额，分析出相关的人工、材料、设备清单，根据项目所在地的信息价进行必要的价差调整，得出相对准确的单位设备安装工程费用清单，即完成了单位设备安装工程费概算的编制。

3）子项工程综合概算的编制

子项工程综合概算是由组成该子项工程的各专业单位工程概算汇总而成，因此单位工程设计概算的准确性决定了子项工程综合概算的准确性。子项工程综合概算文件包括编制说明和综合概算表（包括各单位工程设计概算表、建筑材料表）两部分。

① 编制说明一般应放于综合概算表之前，包含以下内容：

工程概况：建设项目的名称、工程性质、使用功能、所处地理位置、预计建设周期、主要工程量以及工程需要特殊说明的其他情况等；

编制依据：国家以及项目所在地政府的相关法律、法规、制度、规程、标准等规定，初步设计成果文件，采用的概算编制定额与版本，主材、设备的建设地价格信息文件等；

概算编制方法；

主要材料、设备清单表格；

主要经济技术指标：项目概算投资额、各分项投资额、单位经济技术指标等；

工程费用计算数据表格：各单位工程概算计算表格，配套工程概算计算表格，其他涉及工程费用的计算表格等；

设备材料费用、费率计算表格和取用费率的依据文件等；

其他一些需要特殊注明的文字说明。

② 综合概算表

综合概算表是根据子项工程所涵盖的各单位工程概算等基础性资料，按照国家或部委规定的统一表格进行编制。综合概算一般包括建筑工程费用、安装工程费用、设备及工器具购置费。

4）项目总概算的编制

项目总概算是初步设计文件的重要组成部分，是自项目筹建到项目竣工交付使用预计所需总费用的文件。包括各子项工程综合概算、工程建设其他费用、建设期各阶段费用利息、预备费和经营性项目铺底流动资金概算等，按照规定的统一表格编制而成。

项目总概算包含以下具体文件：

编制说明；

总概算表；

各子项工程综合概算表；

工程建设其他费用概算表；

主要建筑、安装材料汇总表；

一般添加封面、签字（章）页、概算目录等并装订成册。

（3）设计概算的审查

设计概算是确定建设工程造价的重要步骤，其审查是一个重要环节，以确保设计概算的完整性、准确性、合理性。

1）设计概算审查的内容

审查内容主要包括设计概算编制的依据、设计概算编制的深度、设计概算编制的内容。

设计概算编制依据的审查重点包含编制依据的合法性，编制依据必须是政府主管部门批准的文件、规定、规程、规范等，采用概算定额的地域是否与工程所在地相符，采用概算定额的版本是否是现行定额，材料信息价是否准确等。

设计概算编制深度是否满足现行的《建筑工程设计文件编制深度规定》，编制说明、编制方法和具体的概算文件是否满足对应的深度要求等。

设计概算编制组成内容是否完整；计价依据文件是否适用；工程量计算是否准确；设备规格、数量、配置标准是否准确；各项费用的取费费率标准是否满足国家相关部门的规定等。

2）设计概算审查的方法

采用一些业内成熟的方法对设计概算进行审查，是提高审查效率，确保审查质量的前提。较成熟的审查方法有：

① 分析对比法，通过与类似建设规模、性质、标准的项目人工、主材设备数量、机械单价等概算指标进行对比分析，可以发现其中存在的问题，找出偏差的原因。

② 关键设备、主要材料的查询核实法，通过对主材或者主要设备的量进行分析，找出关键主材、设备计算中存在的问题等。

③ 分类整理法，对各子项项目做横向对比分析，类似子项关键材料、设备分类统计分析，发现是否有明显不符的数据等。

④ 联合审查法，结合设计单位、承包单位、造价咨询机构、邀请专家等联合审查，发现问题数据等。

3）设计概算审查的意义

设计概算审查可以确保设计概算数据的准确性，确保资金预算、筹措数据有一个真实准确的依据；还可以促进后期施工图设计的经济合理性；促进设计单位严格执行相关设计规范、标准等概算编制规定和费用标准；促进工程造价的准确性、完整性，避免出现重大疏漏和任意扩大（缩小）建设规模等情况的产生。

3.4.4 施工图预算的编制与审核

施工图预算是指根据施工图、预算定额、各项取费标准、建设地区的自然及技术经济条件等资料编制的建筑安装工程预算造价文件。施工图预算是建筑企业和建设单位签订承包合同、实行工程预算包干、拨付工程款和办理工程结算的重要依据；也是建筑企业控制施工成本、实行经济核算和考核经营成果的依据。在实行招标承包制的情况下，是建设单位确定招标控制价和建筑企业投标报价的依据。施工图预算是关系建设单位和建筑企业经济利益的重要技术经济文件。

（1）施工图预算的编制

1）施工图预算编制依据

① 国家及地方政府主管部门的相关法律、规范、规程和规定、当地现行的预算定额（单位估价表）、材料信息价格文件、材料调价文件、工程量清单计价规范。

② 施工图设计文件类包括经过批准和会审的施工图设计文件、基坑支护（含降水设计）施工图设计文件、施工图文件中需要的标准图、设计变更单、经过批准的设计概算文件、岩土工程勘察报告。

③ 施工现场地质、水文、地貌、交通、环境、场地高程数据等。

④ 施工组织设计文件和施工方案文件、施工合同招标文件、相关合同或协议等。

⑤ 有关材料、设备采购合同或协议。

⑥ 当采用定额中缺项的新材料、新技术、新工艺、新设备时，需要当地定额主管部门出具的计算依据或者补充定额等。

2）施工图预算编制原则

① 严格执行国家的建设方针和经济政策的原则。施工图预算要严格按照党和国家的方针、政策办事，坚决执行勤俭节约的方针，严格执行规定的设计和建设标准。

② 完整、准确地反映设计内容的原则。编制施工图预算时，要认真了解设计意图，根据设计文件、图纸准确计算工程量，避免重复和漏算。

③ 坚持结合拟建工程的实际，反映工程所在地当时价格水平的原则。编制施工图预算时，要求实事求是地对工程所在地的建设条件，可能影响造价的各种因素进行认真的调查研究。在此基础上，正确使用定额、费率和价格等各项编制依据，按照现行工程造价的构成，根据有关部门发布的价格信息及价格调整指数，考虑建设期的价格变化因素，使施工图预算尽可能地反映设计内容、施工条件和实际价格。

3）施工图预算编制程序

施工图预算编制主要包括三部分内容：单位工程施工图预算编制、子项工程综合预算编制、建设项目总预算编制。单位工程施工图预算是施工图预算的关键。施工图预算的编制应在图纸会审、交底后进行。下面就三部分预算编制进行详细阐述。

① 单位工程施工图预算的编制

单位工程施工图预算包括建筑安装工程费、设备及工器具购置费。

建筑安装工程费的计算应依据施工图设计文件、预算定额以及对应的人工、材料、施工机械台班等资料进行计算。主要方法有单价法和实物量法，单价法有定额单价法、工程量清单单价法两种方法。

定额单价法是用编制好的分项工程单位估价表来编制施工图预算，工程量清单单价法是按照国家工程量计算规则计算出的工程量，采用综合单价计算工程造价的方法。下面以定额单价法为例进行阐述。

定额单价法编制施工图预算的程序如下：

准备工作：收集场地高程、水文、地质、各类合同协议、当地材料信息价格文件等资料，熟悉施工图设计文件等基础性资料，熟悉施工组织设计、施工方案等资料。

计算工程量：根据工程内容和定额条目，罗列出需要计算的相关工程量条目；一般按照施工的次序和规则，根据施工图设计文件、变更通知单等计算出工程量。

套用定额预算单价，计算出直接工程费。

编制人工、材料等分析表。人工、材料等分析是根据各分项工程，按照定额或估价表，计算出各分项工程的人工、材料消耗量，最后将各分项工程的人工、材料消耗量予以汇总，得出单位工程单方人工、材料含量。

计算主材费并根据材料信息价调整工程直接费。

按照程序计算其他费用，并汇总总价。根据相关文件规定的费率、税率分别计算出施工措施费、间接费、利润、税金，然后汇总累加计算出单位工程预算造价，并核算出相关技术经济指标。

预算检查、复核。对上列数据进行复核，发现存在的错误或疏漏并修改完善，确保预算数据的准确性。

撰写施工图预算编制说明、预算文件封面及目录。封面应注明工程名称、编号、预算总造价和单方造价等。将封面、目录、编制说明、费用汇总表、材料汇总表、工程预算分析表按照顺序编排并装订成册，即完成了单位施工图预算的编制工作。

目前行业内基本采用电算程序进行计算工程量、套定额、各种统计分析等施工图预算编制工作，节省了大量人力物力，但也要熟练掌握造价计算分析软件的操作流程和方法。在施工图输入阶段一定要理解透施工图设计文件，熟悉相关数据参数的设置等，这是确保工程量计算准确性的前提。只有输入准确的施工图设计文件、数据参数、价格等信息，才能编制出准确的施工图预算文件。

定额单价法是编制施工图预算的常用方法，具有计算简单、数据清晰明了、工作量相对较小、编制速度快等特点。但是由于采用的是事先编制好的统一单位估价表，其价格水平与工程预算时的差异还是很大的，尤其是市场价格变动较大的时候，定额单价法的计算结果会偏离实际价格较大。虽然可以进行价差调整，但是信息价的滞后效应也比较明显。此外因为定额单价法采用地区统一的单位估价表进行计价，承包商之间的竞争并不能在价格上体现其施工管理水平，故定额单价法还是存在一定的局限性。

设备及工器具购置费计算：设备购置费由设备原价和设备运杂费构成。未达到固定资产标准的工器具购置费一般以设备购置费为计算基数，按照规定的费率计算。

单位工程施工图预算由建筑安装工程费和设备及工器具购置费相加而计算得到。

单位工程施工图预算书由单位建筑工程预算书和单位设备安装工程预算书构成。单位建筑工程预算书主要由建筑工程预算表和建筑工程取费表构成，单位设备安装工程预算书主要由设备及安装工程预算表和取费表构成。

② 子项工程综合预算编制

子项工程综合预算由组成该子项的各单位工程预算汇总而成。此处不再赘述。

③ 建设项目总预算编制

建设项目施工图总预算由组成该项目的各子项工程施工图综合预算，加上工程建设其他费、预备费、建设期利息和铺底流动资金汇总而成。三级预算编制中的建设项目施工图总预算由单项工程施工图预算、工程建设其他费、预备费、建设期利息和铺底流动资金汇总而成。三级预算编制形式的工程预算文件包括：封面、签署页、目录、编制说明、总预算表、综合预算表、单位工程预算表、附件等内容。

（2）施工图预算审查

对施工图预算进行审查，是为了核实工程实际成本，更有针对性地控制工程造价和资金投入。

1）施工图预算审查的内容

施工图预算审查的主要内容如下：

① 使用定额的审查。首先是采用的定额版本是否是现行版本，其次套用的定额子目是否正确，采用的补充定额子目是否准确，对于补充定额子目要核对其人工、材料、机械台班是否准确合理等。

② 工程量的审查。工程量是施工图数据准确性的前提，是施工图预算准确性最根本的因素，因此对工程量的审查尤其重要，对于采用电算工程量方法计算工程量的，要核对图纸输入是否正确、是否存在漏项等。

③ 设备、材料、人工、机械台班价格的审查。要结合项目实施时间，核对采用的材料信息价格文件的版本时间是否合理，结合市场情况有没有变化幅度较大的情况等。

④ 税费计算的审查。各项税费计算依据选择的相应规定是否合规，计算与计取的基础数据是否正确、合理等。

2）施工图预算审查的方法

施工图预算的审查一般采用以下方法：

① 对比审查法：对比审查法是参考类似的已经完工项目的预决算，或者参考在建项目经过审批的预算文件，进行各类数据的对比分析，找出差异性较大的经济技术指标，核查相应的工程量、套用的定额条目等，找出施工图预算存在的问题。这种方法的优点是借用类似数据做横向分析，有针对性的对比，审查速度相对较快，但采用这种方法的前提是要有类似项目工程预算决算的数据库。

② 筛选审查法：筛选审查法是对数据汇总、选择、归纳、总结出基本数值，并以此基本数值为依据进行筛选，对于未被筛选下去的数据，即不在基本数值范围内的数据有针对性地进行审核。这种方法的优点是方便操作、速度快，但也有一定局限性，对于住宅类项目较适宜。

③ 全面审查法：全面审查法是指按照预算定额的顺序或者施工展开的先后顺序，对逐个数据进行全面审查。相当于审核人员重新进行一次施工图预算程序，这种审查方法比较全面，审查质量也高，但缺点是需要投入较大的人力物力，时间较长。

④ 分组计算审查法：分组计算审查法是把预算中有关项目按类别划分若干组，利用同组中的一组数据审查分项工程量的一种方法。这种方法首先将若干分部、分项工程按相邻且有一定内在联系的项目进行编组，利用同组分项工程间具有相同或相近计算基数的关系，审查一个分项工程数据，由此判断同组中其他几个分项工程的准确程度。如一般的建筑工程中将底层建筑面积可编为一组，先计算底层建筑面积或楼（地）面面积，从而得知楼面找平层、天棚抹灰的工程量等，以此类推。该方法特点是审查速度快、工作量小。

⑤ 标准预算审查法：标准预算审查法就是对利用标准图纸或通用图纸施工的工程，先集中力量编制标准预算，以此为准来审查工程预算的一种方法。按标准设计图纸施工的工程，一般上部结构的做法相同，只是根据现场施工条件或地质情况不同，仅对基础部分

做局部改变。凡这样的工程，以标准预算为准，对局部修改部分单独审查即可，不需逐一详细审查。该方法的优点是时间短、效果好、易定案。其缺点是适用范围小，仅适用于采用标准图纸的工程。

⑥ 重点抽查审核法：重点抽查审核法是指抓住工程预算中的重点环节和部分进行审查。其优点是找出工程预算中的关键项，突出重点，有针对性地进行审查，速度快，效果明显。但其缺点是对审查人员的业务素质要求较高，如果审查人员经验不足或者在情况没有掌握清楚的情况下，会造成很大失误，从而影响审查的效果，得出错误结论。

⑦ 利用手册审查法：是指将工程中常用的构配件事先整理成预算手册，按照手册对照审查的方法。

⑧ 分解对比审查法：分解对比审查法是所有单位工程，如果其用途、建筑结构和建筑标准都一样，那么其预算造价也应基本相同，特别是在一个城市内采用标准施工图的单位工程更是如此。

目前很多建设单位会召集两家或者两家以上的造价咨询单位分别编制施工图预算，审查时对相同项做数据对比、找出有差异或者差异较大的数据，分析产生差异数据的原因，然后对问题数据进行修订，最后形成比较准确的施工图预算文件。

3.5　实施阶段的设计管理

项目实施阶段的设计管理与服务工作是项目设计工作的延伸，在项目实施过程中大量的工作需要设计的参与，设计对项目的实施进行监督、技术指导、设计服务及工程质量把控等工作，可以促进设计成果的进一步完善和优化，可以更好地按照设计要求完成项目建设，更好的落实"适用、经济、绿色、美观"的建设方针，促进建设目标的实现。

3.5.1　招标采购阶段

在招标采购阶段设计要参与招标工作，一方面可以加快招标工作的进度，提高招标工作的质量，另一方面可以提高设计的可实施性及设计工作质量，从而减少返工和签证费用的产生。

（1）配合工程造价进行图纸答疑，合理确定施工工艺。在工程量清单和招标控制价编制的过程中，难免出现造价人员对设计文件的意图不理解或设计内容、施工工艺不明确的情况，影响造价文件的准确编制。一般情况下，造价人员将存在的问题和疑问，以书面形式提交给设计单位，设计单位对提出的问题作出书面的回复，经建设单位确认后，形成正式文件，作为编制工程量清单和招标控制价的依据。必要时组织召开专题会议，就一些诸如新工艺、新材料等进行论证，作出经济、可行、科学的结论。

（2）确定设备技术参数。设备技术参数和技术要求越准确，在设备招标采购过程中出现错误的可能性就越小，同时设计人员参与到设备招标采购的过程中，通过了解有关设备的性能，特别是新材料新设备的参数，也可以促进项目设计创新，避免后续进场设备不符合实际需求或出现投用即落后的情况。

（3）参与招标文件的编制与审核工作。根据设计要求对承包商或供应商有特殊要求时，设计人员要参与承包商或供应商资质和其他要求等招标文件条款的编制和审核工作，以便能更准确地找到合适的承包商或供应商。

3.5.2　设计文件的交接与传递管理

设计文件是设计阶段重要的成果，是项目实施阶段重要的指导性文件，同时设计的过程是一个不断修改和完善的过程，设计文件的交接与传递管理的目的是确保项目实施阶段使用的文件为有效的设计文件。除遵守文件与档案管理的有关规定外，还应注意以下几点。

（1）设计文件的合法性、有效性。所有与设计有关的文件都必须经设计单位确认，同时设计单位要按照权限履行签字盖章的手续。

（2）设计文件版本的唯一性。所有正在使用的设计文件必须是唯一的，不能同时出现不同的版本，当发生变更或作废的版本时，在下发新文件的同时将作废或变更的文件收回并销毁。

（3）设计文件传递路径的唯一性。在签订设计合同和施工承包合同时应明确文件的接收人和接收地点，施工图设计文件传递的路径为：设计单位—建设单位—施工图审查机构—建设单位—施工单位。

（4）设计文件的可追溯性。在文件传递的过程中要履行相关的签字手续，签字人在设计文件交接的过程中要认真对照清单进行检查，避免错漏情况的发生。

（5）设计文件传递的及时性。设计文件尤其是变更的设计文件，要及时传递，不仅要保证不因设计文件影响工程进度，同时还要避免因设计文件传递的不及时造成返工。

3.5.3　施工图设计文件审查

施工图设计文件审查是建设行政主管部门认定的施工图设计文件审查机构按照相关法律、法规对施工图设计文件涉及的公共利益、公众安全和工程建设强制性标准的内容进行审查。目前，全国大部分地区工程项目施工图纸未经审查不能用于施工，而且施工图审查合格证书也是办理施工许可证的必要条件之一，因此保证施工图审查程序快速顺利通过的主要办法是熟悉国家规范、提高设计文件质量。

建设单位收到施工图设计文件后，在施工图设计文件交付使用前应当将其送至施工图设计文件审查机构审查，施工图设计文件审查机构不得与所审查项目的建设单位、勘察设计单位有隶属关系或者其他利害关系。设计单位应配合建设单位按相关规定的要求向施工图设计文件审查机构提供下列资料，并对所提供资料的真实性负责：

（1）批准的立项文件；

（2）全套施工图；

（3）主要的初步设计文件；

（4）工程勘察成果报告；

（5）结构计算书及结构计算软件的名称。

审查机构应当在收到审查材料后约定工作日内完成审查工作，并提出审查报告；其中重大及技术复杂项目的审查时间可适当延长。审查合格的施工图设计文件，审查机构应当向建设单位出具审查合格证书，并在全套施工图上加盖审查专用章。审查合格书应当由各专业的审查人员签字，经施工图审查机构法定代表人签发，并加盖审查机构公章。审查机构应当在出具审查合格书后将审查情况报工程所在地县级以上地方人民政府住房和城乡建设主管部门备案。对审查不合格的项目，提出书面意见后，由审查机构将施工图退回建设单位，并由原设计单位修改，重新送审。

任何单位或者个人不得擅自修改审查合格的施工图设计文件；确需修改的，凡涉及主要审查内容的，建设单位应当将修改后的施工图送原审查机构审查。建设单位或者设计单位对审查机构作出的审查报告如有重大分歧时，可由建设单位或者设计单位向所在省、自治区、直辖市人民政府建设行政主管部门提出复查申请，由省、自治区、直辖市人民政府建设行政主管部门组织专家论证并做出复查结果。

3.5.4 设计交底与图纸会审

技术交底是指为了让参建各单位（建设单位、咨询单位、监理单位、施工单位等相关单位）能充分领会设计意图，设计单位对项目设计文件中的设计原则、设计思路以及部分非常规的设计做法或者采用的新技术、新材料等对参建各方进行宣讲的工作。图纸会审是指工程各参建单位在收到施工图审查机构审查合格的施工图设计文件后、在设计交底前进行全面细致的熟悉和审查施工图纸的工作。

设计交底与图纸会审由建设单位或者建设单位委托的代替建设单位履行相关职能的单位组织完成，目的是为了让参建各方与设计思想统一，以便在工程实施过程中能更好地执行设计理念。相关单位应认真熟悉勘察设计文件，同时勘察现场，了解现场的自然环境状况、工程所在地的气候情况、工程所在地的建筑市场等情况，将发现的问题在设计交底与图纸会审前提交给设计单位，设计单位项目负责人组织各专业设计人员编制设计交底文件，对提出的问题进行核对与解答。因此图纸会审和技术交底是施工与设计衔接的一个重要环节，设计部门应对该环节予以充分的重视。

（1）设计交底与图纸会审会议的一般程序如下：

1）勘察、设计单位项目负责人对设计的总体情况进行交底。

2）各专业分别进行设计交底。

3）分专业进行图纸会审、答疑。

4）对存在的问题进行研究协调，形成一致意见的，各方进行会签确认；形不成一致意见的，定出解决问题的时间和方法。

5）设计单位整理设计交底文件，相关单位签字接收。

6）施工单位整理图纸会审纪要，经相关单位审核确认，设计单位最终确认后生效。

（2）设计交底的主要内容

1）主要技术标准和总体设计的思路。包括工程项目建设的背景、设计的依据、现场自然及环境条件、水文地质条件等概况，设计的主导思想、方案构思过程、设计的原则、设计的主要内容、设计采用的标准、设计主要数据取值等。

2）设计要求及施工注意的事项。分专业对设计文件中的重点、难点、新技术、新材料、新工艺等进行解释和说明，提出具体的设计要求和施工中应注意的事项。

（3）图纸会审的主要内容

1）设计文件内容的完整性、合法性及有效性。

2）设计内容有无自相矛盾及错漏的情况。

　　3）各设计单位间，各专业间设计的内容有无矛盾和冲突。

　　4）设计表达是否清楚明白，设计文件的深度是否满足施工要求。

　　5）工程设计的可施工性以及材料、设备、半成品的来源有无保证。

　　6）有无违反相关规范、标准等情况。

3.5.5　设计变更管理

　　设计变更是工程变更的一部分，是指对原设计文件进行的改变和修改。在项目实施的过程中，由于工艺及设备、材料的改变、工程内容的增减、设计本身的错误或遗漏、工程地质及环境条件的改变、施工错误、合理化建议等原因，难免会发生设计变更。设计变更以图纸或设计变更通知单的形式发出，设计变更的费用一般控制在建安费的 5% 以内，设计变更产生的新增投资额不应超过基本预备费的 1/3。在项目实施的过程中容易出现随意变更、变更手续不全、先变更后补手续、利用变更违规的情况，需要严格把控。设计变更的管理工作一方面是投资管理工作的需要，另一方面是保证工程质量的需要，因此要做好设计变更的管理工作。

　　(1) 关于设计变更的相关规定

　　1）建设单位或其委托的咨询单位、施工单位、监理单位不得修改建设工程勘察、设计文件，确需修改建设工程勘察、设计文件的，应当由原建设工程勘察设计单位修改，经原建设工程勘察、设计单位书面同意，建设单位也可委托其他具有相应资质的建设工程勘察设计单位修改。修改单位对修改的勘察设计文件承担相应的责任。

　　2）咨询单位、施工单位、监理单位发现建设工程勘察、设计文件不符合工程建设强制性标准、合同约定的质量要求的，应当报告建设单位，建设单位有权要求建设工程勘察、设计单位对建设工程勘察设计文件进行补充、修改。

　　3）建设工程勘察设计文件需作重大修改的，建设单位应当报原审批机关批准后方可修改。

　　(2) 设计变更管理的原则

　　1）变更后的设计文件应符合现行法律、法规、规范、标准和政策的要求。

　　2）设计变更后应比原设计更能满足使用功能的要求。

　　3）设计变更后应比原设计更经济，或者全寿命成本更低。

　　4）设计变更后应比原设计更有利于保证工期。

　　5）设计变更后应保证工程的质量和安全。

　　6）设计变更后应更方便工程的施工及设备材料的采购。

　　(3) 设计单位提出设计变更的管理

　　1）当原设计存在错漏、不利于投资控制、需进行设计优化和补充设计、工程的自然条件或水文地质条件发生变化、政策及规范等发生变化等情况时，设计单位可以提出设计变更。

　　2）设计单位填写《设计变更审批表》，内容包括变更的原因、变更的依据、变更的内容、变更的费用估算报建设单位审批，必要时附相关的图纸等。

　　3）建设单位收到设计单位的变更申请后，对于一般变更，由工程部门给出变更意见和要求，同意变更的请设计单位进行设计变更；对于重大变更，工程管理部门组织营销策划，投资控制、使用等部门进行论证，必要时请相关方面的专家进行论证，并形成明确的意见，同意变更的请设计单位进行设计变更。

4）设计单位按照建设单位的意见，依据法律、法规、规范、标准进行设计变更文件的编制，设计变更文件应严格履行审核程序，签字盖章齐全，设计变更文件的编制深度满足设计文件编制深度的要求。

5）建设单位收到设计单位的变更文件后，需要进行施工图审查的应及时报原施工图审查机构进行施工图审查，需要报相关部门审批的应及时报相关部门审批，经施工图审查机构审查合格、相关部门批准后方可实施设计变更文件。

6）工程部门应及时将设计变更文件发放到原设计文件的接收单位或部门，需要对原设计文件进行回收和销毁工作，需要进行设计变更文件交底的及时组织交底工作。

7）投资部门收到设计变更文件后及时组织设计变更预算的编制工作，对工程的投资控制实施动态管理。

（4）建设单位提出设计变更的管理

1）建设单位根据营销策划部门的要求、客户的要求、使用部门的要求、监理等咨询单位的合理化建议、建设单位领导的要求、政府相关部门的要求等，可以提出设计变更。

2）建设单位以设计变更函的形式将变更的部位、变更的内容、变更的要求、费用控制要求等发给设计单位。

3）设计单位收到建设单位的变更联系函后，依据法律、法规、规范、标准及其他政策性文件对建设单位的变更要求进行分析、研究，能够进行设计变更的将变更的方案及费用估算报建设单位，不能进行变更的将不能变更的原因以函件的形式发给建设单位。

4）建设单位收到设计单位的变更方案及费用估算后，组织相关部门进行论证，必要时请相关方面的专家进行论证，并形成明确的意见。

（5）施工单位提出设计变更的管理

1）施工单位在施工的过程中发现图纸错漏、违反规范或现场条件与原设计不一致的情况时，通过监理单位向设计单位发出质疑函，经设计单位确认需要进行设计变更时，按照要求进行设计变更。不需进行设计变更时，设计单位以设计交底的形式对施工单位提出的问题作出解释和说明。

2）施工单位在施工的过程中发生施工错误、施工困难或工期要求等情况时，可以《工作联系单》的形式提出设计变更的要求，将变更的原因、变更的依据、变更的方案、变更对工期的影响、变更对费用的影响、变更费用的承担方案等向监理单位报告。

3）对于一般变更，签署监理意见报建设单位批准后按照要求进行设计变更。对于重大变更，监理单位组织建设、设计等相关人员进行论证，必要时请相关方面的专家进行论证，并形成明确的意见，同意变更的请设计单位进行设计变更。

4）设计变更完成，建设单位、施工单位就变更费用的承担等达成一致意见后设计变更开始实施。

3.5.6 其他设计管理工作

在工程建设项目实施的过程中，始终离不开设计管理工作，除做好设计交底与图纸会审、设计变更等设计管理工作外，还包括以下方面的设计管理工作。

（1）参加地基与基础验槽

勘察、设计单位的相关人员和负责人参加建设单位组织的地基与基础验槽工作。在验槽前应先查看地质勘察报告和结构设计说明、基础设计说明，熟悉验槽部位的土层及分布情况，核对设计的承载力、持力层与勘察报告是否一致，查看施工过程及验收的资料，了解施工情况。对天然地基现场重点查看持力层的位置及土质情况是否与勘察报告一致，有无地质勘察报告未查明的情况，土层有无扰动的情况，必要时进行轻型动力触探，检验的数据作为地基验槽的依据。对于地基处理工程和桩基工程的验槽，主要检查检测结论是否满足设计要求。

（2）参与危险性较大的分部、分项工程等重要专项施工方案的审核论证工作

工程勘察单位应在勘察文件中说明地质条件可能造成工程风险，设计单位应在设计文件中注明涉及危险性较大工程的重点部位和环节，提出保障工程周边环境安全和工程施工安全的意见。必要时勘察、设计单位参与专项施工方案的审核，并提出勘察设计方面的意见，参加专项施工方案的专家论证会，听取专家对勘察、设计方面提出的意见和建议。

（3）参加地基与基础工程、主体结构工程、节能工程等重要分部的验收

按照相关规定，设计单位的项目负责人及相关设计人员应参加工程施工过程中的重要分部工程的验收工作。工程验收前相关设计人员应熟悉设计文件，尤其是关键部位的特殊要求，查阅施工单位的施工技术文件和质量验收文件等相关资料，听取施工及监理单位对工程施工过程情况的介绍，必要时对施工现场进行查勘，提出施工是否符合设计要求及设计配合施工等方面情况的报告。在参加验收的过程中，认真检查工程质量符合设计要求的情况，听取各方意见，提出设计方的验收意见，对检查验收过程中发现问题的处理方案进行审核。

（4）参与工程质量事故的处理

工程质量事故发生后，设计单位应建设单位的要求参加事故的调查和原因分析工作。因设计原因造成的质量事故，设计单位应承担相应的损失和责任，并重新进行设计。因施工原因造成的质量事故，设计单位对施工单位上报的事故处理方案进行验算、审批。

（5）审核二次设计或深化设计

在施工过程中施工单位或建设单位委托的其他设计单位会对部分工程进行二次设计或深化设计等工作，如基坑支护设计、建筑幕墙设计等。工程的原设计单位要从是否满足使用功能和外观要求、结构受力与安全等方面进行审核，并对满足要求的二次设计或深化设计签署同意的审批意见，对不能满足要求的二次设计或深化设计书面说明原因及修改建议。

（6）参加建设单位组织的工程竣工验收

收到建设单位的验收邀请后，设计单位的项目负责人应组织相关专业的设计人员熟悉设计及变更文件，编制设计验收工作大纲，明确设计验收的要点和内容。工程竣工验收前组织相关人员到现场勘验，查看相关的施工资料，听取建设、施工、监理单位的施工情况介绍及设计方面的意见，对工程施工是否符合设计要求作出评估报告，并根据各方意见对工程的设计工作进行总结。在参加验收的过程中，听取各方对工程验收的意见并发表设计单位的意见，对验收存在的问题和争议，提出意见和建议。

（7）工程竣工图的编制与移交工作

按照相关规定，由设计单位原因造成的结构形式、工艺等重大改变的情况，设计单位负责重新绘图并承担相关费用，施工单位负责在新图上加盖"竣工图"章，并附有关记录和说明，在工程竣工验收前完成审核检查工作，按照规定的份数移交给建设单位。

3.6　运维阶段的设计管理服务

运维管理主要包括以下五个方面：空间管理、资产管理、维护管理、公共安全管理、能耗管理，如图 3-1 所示。

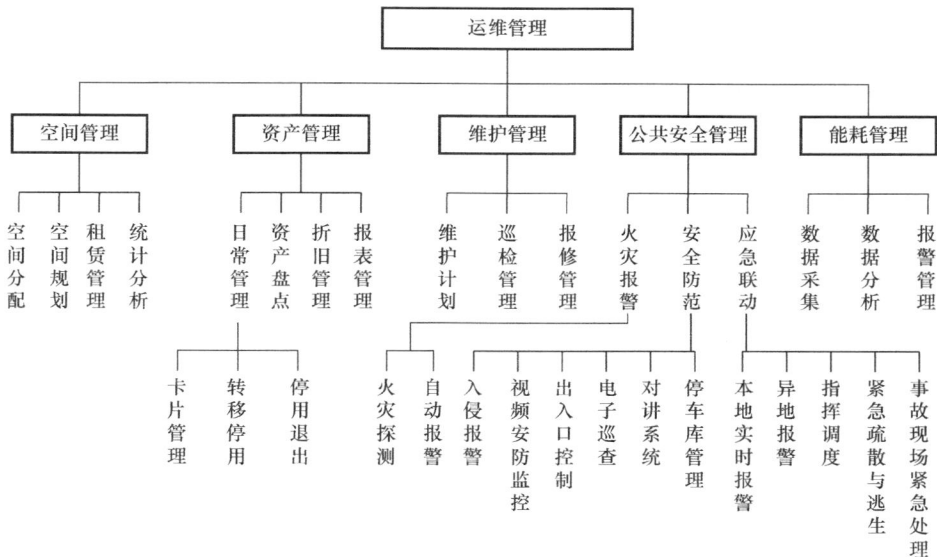

图 3-1　运维管理的范畴

3.6.1　运维阶段的设计文件整合、交接

（1）空间管理

利用 BIM 技术对三维建筑模型中的区域、区域内的空间、房间以及构件信息的查询。

1）基础信息

① 模型建模规划中规定的空间几何参数。

② 竣工后对空间、房间利用情况及构件信息进行增删改查。

2）管理内容：管理图纸基础信息。

（2）设备管理

1）基础信息：利用 BIM 模型传递建筑物设备及管线的设计信息，建立设备的档案资料。

2）管理内容

① 管理各设备的使用年限和性能。

② 对于综合管线，建立上下游拓扑关系，快速查找应急方案对应的设备位置及编号。

③ 管理设备运行状态。

49

④ 故障设备的及时反馈以及确定设备的巡视周期。

（3）构建基于 BIM 的物业管理平台

1）平台搭建：依托设计、施工阶段搭建的 BIM 信息平台加载物业运维相关组件后过渡到物业运营过程中使用。

2）基础信息：依托设计、施工阶段的 BIM 模型开发建设，将投入使用阶段调试完毕的设施参数作为运营阶段设施运维的标准参数。

3）与 BIM 直接相关的平台功能：建筑空间使用情况三维演示、管线定位及运行状态监测。

3.6.2　BIM 设计在运维管理中的应用

（1）运维管理可视化

在调试、预防和故障检修时，运维管理人员往往需要定位建筑构件（包括设备、材料和装饰等）在空间上的位置。运用竣工三维 BIM 模型可以确定机电、暖通、给排水和强弱电等建筑设备在建筑物中的位置。

（2）应急管理决策

利用 BIM 模型来模拟现场突发事件，评估突发事件导致的损失，并且对响应计划进行讨论和测试。

（3）空间信息查询

利用 BIM 技术对三维建筑模型中的区域、区域内的空间、房间以及构件信息的查询。查询结果以标识标明或表格数据输出。

（4）空间使用管理

对使用的空间、使用情况进行统计查询。

（5）设备信息管理

主要包括建筑主体及围护结构的相关设施的信息查询及围护。

（6）设施围护计划

由用户制定维护计划，当到达时间节点后，系统自动提醒用户启动检测流程。

（7）设备报修管理

用户可在线填写保修单，系统可自动提醒责任部门启动维修流程。

第4章 建筑改造工程的全过程设计管理

改革开放的伟大进程带来了我国社会和经济建设的大发展。随着城市化的发展，我国人均耕地面积日趋紧张，同时这种现象又制约着城市化的进程，城市化进程面临着更为强大的内在压力。在这种情形之下既有建筑物的综合改造成为城市化发展的必然，对从业人员的科学研究、勘察设计水平、施工技术等提出了更高、更多的要求。本章着重阐述区别于新建建筑工程的各阶段的设计管理相关内容。

4.1 改造项目的分类

目前，对于既有建筑改造这一概念较为权威的定义出自美国《建筑、设计、工程与施工百科全书》。书中将既有建筑改造定义为"通过赋予一栋既有建筑新的使用功能，或者通过重新组构一栋建筑，使其原有技能能够满足新的要求，以延续一栋建筑或者构筑物寿命的建设行为"。

学者苗阳提出"旧建筑改造指的是在某一建筑物的物理寿命周期内，为了使其适应社会经济、技术条件的变化而对其进行的有计划、有目的的内部功能空间的充实和置换、外部特性的保护与再生、外部环境的优化和重组，是对旧建筑的综合利用和再开发行为"。

（1）建筑改造项目主要分为以下三个类别：

一是既有建筑功能不变的维护改造：建筑物完工后，经过一段时间的使用，建筑物的主体结构、附属构件、设备管线等随着时间的延长逐渐老化，以至于妨碍建筑物使用功能、安全、舒适及美观，因此需要维护更新改造，使得既有建筑更新，再次更好地满足原有建筑物的使用功能。

二是既有建筑功能改变的再利用改造：随着社会的发展进步，一部分既有建筑原有的使用功能逐渐消失以致建筑主体不再被使用，但其主体结构良好。对这些建筑物重新赋予新的使用功能，并按照新的使用功能进行改造，而非推倒重建。这一类使用功能的改造不仅能循环利用原有建筑物的建筑躯体、节能节材，而且能重新复兴社会活力、延续文化传承。该类改造在建筑改造项目中应用最为广泛。

三是既有建筑拆除后的再循环利用改造：建筑的生命因被拆除而终结，但其某些部分如建筑材料、构件、设备等可以再循环利用，减轻拆除建筑造成的资源浪费和污染。

本书论述的核心是既有建筑功能不变的维护改造和既有建筑功能改变的再利用改造的建筑改造项目，通过技术的可行性尽可能的改变更多面临被拆除但仍有价值的建筑物的命运。

（2）建筑改造项目按照各专业划分主要设计内容如下：

1）建筑专业：建筑物平面使用功能调整及区域划分改造、建筑防火分区调整改造、建筑消防疏散改造、管道及设备管井改造、建筑立面改造、建筑室内装饰装修做法改造、屋顶防水做法改造、外墙、屋面、外门窗等围护结构的保温改造等。

2）结构专业：按照建筑物的结构类型主要分为砖混结构加固改造、混凝土结构加固改造、钢结构加固改造等。按照建筑物的改造部位主要分为基础加固、柱（砖柱）加固、墙加固、梁加固、板加固、楼梯加固、节点加固、墙体拖换拆除加固、建筑结构体系加固和构件延展与接长等。

3）给排水专业：室外管网系统改造、建筑室内给水、排水系统改造及原有管道更换、消防系统设计改造（包括消火栓系统、自喷灭火系统及灭火器配置、气体灭火系统等）、化粪池的升级改造等。

4）暖通专业：室外热力管网系统改造、热源（锅炉房或热力站）改造、空调机房改造、通风系统、排烟系统及空调系统改造、采暖系统的改造（如更换楼宇内采暖管道、阀门、散热器、采暖系统分户供热计量）等。

5）电气专业：供配电系统改造、照明系统和动力配电及控制系统改造、弱电智能化系统改造、接地和等电位联结系统改造、建筑物和设备防雷系统改造、火灾自动报警及消防联动控制系统改造、电话系统改造、综合布线和计算机网络系统改造、闭路监控系统改造、停车场管理系统改造等。

4.2　政策及相关标准

我国目前正处于城市快速发展的进程中，城市中既有建筑的项目改造是发展中的重要问题，已经引起了社会的广泛关注，国家陆续出台相关的政策、规范、规程和标准来推进既有建筑改造的进程。

（1）国家出台的关于推进既有建筑改造的政策

2014 年 3 月 16 日：《国家新型城镇化规划（2014—2020）》，主要内容为：按照改造更新与保护修复并重的要求，有序推进老旧小区综合整治、危旧住房改造，全面改善人居环境。

2016 年 2 月 6 日：《中共中央国务院关于进一步加强城市规划建设管理工作的若干意见》，要求有序实施城市修补和有机更新，解决老城区环境品质下降、空间秩序混乱等问题，通过维护加固老建筑等措施，恢复老城区功能与活力。

2016 年 8 月 23 日：《住房城乡建设事业"十三五"规划纲要》明确提出将棚户区改造与城市更新、产业转型升级更好结合起来，加快推进现有城镇棚户区、城中村和危房改造，将棚户区改造政策覆盖全国重点城镇。

2017 年 8 月 17 日：《住房城乡建设科技创新"十三五"专项规划》推出要推进城市存量规划与绿色发展技术集成融合；研究低碳生态目标下的传统建筑修缮创新工程技术；提高既有居住建筑的宜居性。

2018 年 9 月 28 日：《住房城乡建设部关于进一步做好城市既有建筑保留利用和更新改造工作的通知》提出建立健全城市既有建筑保留利用和更新改造工作机制，具体包括以下四个方面内容：①做好城市既有建筑基本状况调查；②制定引导和规范既有建筑保留和利用的政策；③加强既有建筑的更新改造管理；④建立既有建筑的更新改造管理制度。对体现城市特定发展阶段、反映重要历史事件、凝聚社会公众情感记忆的既有建筑，尽可能更新改造利用。对符合城市规划和工程建设标准，在合理使用寿命内的公共建筑，除公共利益需要外，不得随意拆除。对拟拆除的既有建筑，拆除前应严格遵守相关规定并履行报批程序。

（2）中华人民共和国现行国家规范、规程、标准和图集

序号	名称
1	《民用建筑修缮工程施工标准》JGJ/T 112-2019
2	《房屋渗漏修缮技术规程》JGJ/T 53-2011
3	《公共建筑节能改造技术规范》JGJ 176-2009
4	《既有建筑绿色改造评价标准》GB/T 51141-2015
5	《混凝土结构加固设计规范》GB 50367-2013
6	《建筑结构荷载规范》GB 50009-2012
7	《混凝土结构设计规范》GB 50010-2010
8	《建筑抗震加固技术规程》JGJ 116-2009
9	《建筑抗震设计规范》GB 50011-2010
10	《混凝土结构后锚固技术规程》JGJ 145-2013
11	《碳纤维片材加固修复混凝土结构技术规程》CECS 146：2003
12	《工业建筑可靠性鉴定标准》GB 50144-2019
13	《民用建筑可靠性鉴定标准》GB 50292-2015
14	《建筑抗震鉴定标准》GB 50023-2009
15	《建筑抗震加固技术规程》JGJ 116-2009
16	《钢结构加固技术规范》CECS 77：96
17	《建筑结构加固工程施工质量验收规范》GB 50550-2010
18	《砖混结构加固与修复》15G611
19	《混凝土结构加固构造》13G311-1

4.3 投资决策阶段

建筑改造项目投资决策阶段具有先决性，它是建筑改造项目全过程控制的基础和前提。建筑改造项目投资决策是否科学直接影响到投资决策阶段后各阶段细节工作的确定和控制，决定着建筑改造项目实施的安全性和经济性。建筑改造项目总体实施框架图见图4-1。

4.3.1 编制项目建议书

主要内容应包括：
（1）建筑改造项目提出的必要性和依据。
（2）产品方案，改建规模的初步设想。
（3）资源情况、建设条件、协作关系的初步分析。
（4）投资估算、资金筹措及还贷方案设想。
（5）项目的进度安排。
（6）经济效果和社会效益的初步估计，包括初步的财务评价和国民经济评价。

图 4-1　建筑改造项目总体实施框架图

4.3.2　编制项目可行性研究报告

为了更好地实现既有建筑改造项目的投资目标，以既有建筑改造理论和可行性研究理论为基础，从项目可行性的角度对既有建筑改造项目进行客观、科学、系统地研究，力求为政府部门、投资者、决策者提供科学的决策依据。

目前既有建筑改造项目可行性研究存在的问题，主要包括以下三个方面：

（1）项目可行性研究不全、深度不足，缺乏系统性统一规划和策略论证。

（2）可行性研究报告编制中存在问题。许多建设单位先上项目，后做或不做可行性研究，导致可行性研究成为争取国家资金支持的手段，而不是为决策提供依据。

（3）既有建筑改造项目可行性成了隐含前提。许多建设单位为了项目而项目，使改造项目的经济技术指标根本达不到可行性研究预测出来的指标值，使既有建筑改造项目从研究的"可行"成为现实的"不可行"。

针对上述问题，编制可行性报告时，应重点考虑以下因素：

（1）建筑历史资料的全面收集。建筑改造项目资料收集，重点是建筑的历史信息的全面收集。不仅包括原有建筑竣工图、历史改造竣工资料、历史装修资料等，还需要对改造项目产生影响的相关的地质信息变动情况、地下管线的变动情况等进行收集和整理。

（2）建筑改造项目的规模与建设标准。建筑改造项目的规模和建设标准决定了后续的勘察、检测鉴定、分析、设计、施工及验收阶段的难度和相应的工程造价。建筑改造项目规模大、标准高，后续工作的难度和造价就高，但不能因为难度和造价高，而降低建筑改造项目的规模和建设标准。应该在保证建筑改造项目规模和建设标准的前提下，加强后续各阶段的过程管理，有效控制质量水平和工程造价，从而达到建筑改造项目的目的。

（3）建筑改造项目的生产工艺和设备方案。建筑改造项目的生产工艺和设备方案决定了后期施工阶段的难易程度和施工的便捷程度，同时生产工艺高和设备方案难度越大，相应的工程造价也就越高。

（4）建筑改造项目建设时机的确定。建筑改造项目建设时机的合理选择，有利于加快改造工程进度，相应地也可以降低工程造价。

（5）政策因素。政府出台相关的建设工程标准和政策都会对建筑改造项目的各阶段工程进度及工程造价带来一定的影响。

4.4 检测鉴定阶段

4.4.1 检测鉴定的目的

（1）为建筑物改变使用条件、改建或扩建提供技术依据。

（2）为确定建筑物遭受事故或灾害后的损坏程度，制定修复或加固方案提供技术依据。

（3）为建筑物的日常技术管理和大、中、小修或抢修提供技术依据。

检测鉴定结果决定了改造方案设计和施工图设计。在建筑现场检测勘察阶段工作中宜按检测工作程序框图进行，如图 4-2 所示。由业主委托有资质的检测单位，检测单位接受委托，并进行初步调查、制定检测方案，为下一步现场检测提供依据。

4.4.2 检测鉴定的程序

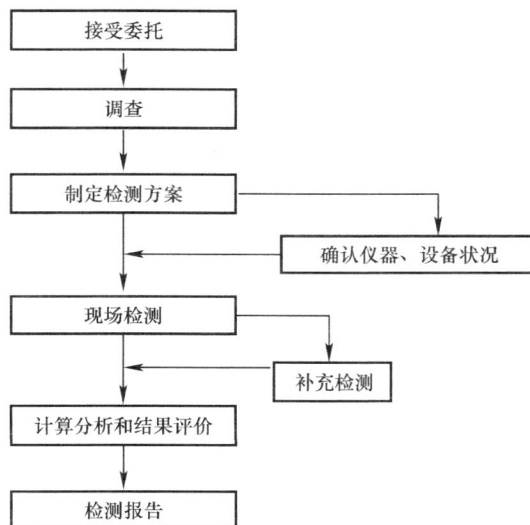

图 4-2 检测工作程序框图

在现场勘察和有关资料调查，应包括下列工作内容：

（1）收集并审阅被检测建筑结构的原设计图纸、设计变更、施工记录、施工验收和工程地质勘察等资料。

（2）了解原始施工情况，重点了解建筑物遗留的有施工质量问题部位的施工情况。

（3）调查被检测建筑结构现状缺陷，环境条件，使用期间的加固与维修情况和用途与荷载等变更情况。

（4）向有关人员进行调查。

（5）进一步明确委托方的检测目的和具体要求，并了解是否已进行过检测。

（6）根据已有资料与实物进行初步核对、检查和分析。

（7）制定详细调查计划，确定必要的实测、试验和分析等工作大纲。

在建筑改造项目的检测鉴定阶段，重点需要考察建筑现状与原有竣工图纸信息的不一致情况。不仅需要对建筑地块尺寸进行测量，还需要对梁、板、柱等建筑结构构件进行测量，以便为工程设计和施工提供真实可靠的数据。涉及内部装修改造的项目，在结构测量之前，还须拆除原有装饰面材。

此外，旧建筑的地下管线也有可能经历过市政改造，由于时间较长，有可能存在图纸资料不全、历史资料丢失、地下管线情况不明等情况，为确保建筑改造过程的施工安全和改造后的运营安全，需要对地下管线进行物探，以确定地下管线的实际情况。

4.4.3　检测鉴定的内容

由于原有建筑已使用过一段时间，可能存在原有结构设计标准要求较低、结构构件老化、不当装修等现象，导致结构构件无法满足现有结构抗震要求，或现有结构条件已无法满足安全使用要求。因此，由业主方委托检测单位对建筑物进行检测鉴定。检测鉴定可分为现场详细调查及检测、检测鉴定评级（必要时进行补充调查）、检测鉴定报告。

（1）现场详细调查及检测

1）详细调查包括：

结构布置、支撑系统、结构构件、结构构造和连接结构的检查。

地基基础的检查，必要时要进行开挖检查或试验。

结构上的作用、作用效应及作用效应组合的调查分析。

结构材料性能和几何参数的检测与分析，结构构件的计算分析、现场实测。

建筑物结构功能及建筑构造的检查。

2）现场检测内容包括：

① 混凝土结构检测

混凝土结构检测分为外观检查和内部质量检测，外观检查主要是目测，辅助以刀、锤、尺等简单工具，观察混凝土表面风化腐蚀、空壳起鼓位置、范围及程度。内部质量包括混凝土强度、均匀性、裂缝、钢筋布置、保护层厚度、碳化深度等。内部质量的检测需要采用专门的仪器设备，按照有关规定或标准进行现场操作和数据分析。

混凝土强度的非破损检测主要有回弹法、超声波法和回弹-超声综合法；微破损检测主要有钻芯取样法、拔出法和射钉法；混凝土碳化深度的检测采用化学试剂法；混凝土中钢筋位置的测定采用电磁感应法。

当混凝土中的钢筋锈蚀，应取样进行化学分析；对锈蚀的钢筋应考虑其截面积的折损和与混凝土粘结力的降低；对火伤混凝土结构构件，当钢筋裸露或高温影响较深时，宜现场取样通过试验确定钢筋的力学性能。

② 砌体结构检测

砌体结构构件的检测内容主要有：强度，包括块材强度、灰缝砂浆强度（回弹法检测）及砌体强度；灰缝砂浆饱满度、灰缝厚度、截面尺寸、垂直度及裂缝、砌体表层腐蚀深度等。

③ 钢结构检测

钢结构检测可分为钢材强度检测和钢结构探伤两部分。

钢材强度检测主要有三种方法，一是取样拉伸试验法；二是表面硬度法，根据钢材硬度与强度的关系，通过测试钢材硬度，推算钢材的强度；三是化学分析法，通过化学分析测量钢材中有关元素的含量，然后计算钢材的强度。

钢结构探伤的主要内容是检测钢材内部的缺陷和焊缝质量，钢材缺陷的性质与其加工工艺有关，如锻造过程中可能产生气孔、疏松和裂纹等缺陷；焊接过程中可能出现气孔、夹渣、未焊透和裂纹等缺陷。

钢结构探伤的方法有超声波法、射线法及磁力法等，其中超声波法是目前应用最广泛的探伤方法之一。采用超声波探伤等方法，确定被测构件缺陷位置。

（2）检测鉴定评级

既有建筑物的改造，不论是混凝土结构、钢结构还是砌体结构，其结构和构件均应执行国家现行标准的验算。一般情况下，应进行结构或构件的强度、稳定、连接的验算，必要时还应进行疲劳、裂缝、倾覆、滑移等验算。结构上的作用及作用相应分项系数、组合系数应分别按有关规定确定，注意考虑由变形、温度等因素造成的附加内力。通过对各种作用（主要是荷载作用）在结构中产生的荷载效应 S 与结构重要系数 γ_0 之积和结构本身抗力 R 的比值，按照现行国家标准规定进行鉴定评级。

（3）验算分析

需要考虑原结构的基础形式、上部结构布置、传受力特点、计算方法，并结合检测结果对原结构进行深入细致的分析研究。根据建筑改造项目的功能需求，需用实际检测的材料性能及合适的参数进行取值，并借助设计软件进行计算分析，以确定结构自身的安全性能等级。

（4）鉴定结论

依据相关规范，根据实际检测数据和验算分析结果，给出对应的鉴定结论。

4.5 设计阶段

4.5.1 管理体系

（1）建立全过程设计管理体系所涉及的所有过程，梳理其过程间的相互作用，确定过程所需的输入和期望的输出；通过评审和再评审，识别设计院全过程设计质量、环境和职业健康管理现状，以及顾客要求等。

（2）确定全过程设计管理体系所涉及过程的内在联系、相互作用以及排列顺序；确定顾客要求、质量、环境和职业健康的管理和控制的优先顺序。

（3）为确保全过程设计管理的过程有效控制，并达到预期的目标或结果，确定运行控制准则和方法，并予以实施，确保全过程设计管理的有效控制。

（4）为确保控制全过程设计管理达到预期的结果，应保证过程运作所必要的财力、人力、物力等资源。

（5）规定与全过程设计管理活动相关的职责和权限。

（6）对全过程设计管理的过程及其绩效开展监管、分析和评价，实施所需的变更和调整，控制运行的趋势，确保实现其预期目标和结果。

（7）建立基于 PDCA 循环［Plan（计划）、Do（执行）、Check（检查）和 Action（行动）］的建筑改造项目的全过程设计管理体系模式，并持续改进。

4.5.2　流程管理

对建筑改造项目的全过程设计和开发应进行全过程控制，确保产品满足顾客要求和法律法规要求。

（1）建筑改造项目的全过程设计流程

项目评审—项目投标—项目中标—合同评审—合同签订—设计开发策划—设计输入—设计过程—设计输出—设计验证—设计评审—设计确认（顾客确认、项目审查、评审）—交付顾客—设计资料归档（一）—交付后服务（图纸审查回复或设计变更、参加分项验收、竣工验收）—设计资料归档（二）。

（2）项目设计的风险控制评审

在全过程设计质量管理体系的总体框架下，对拟改造项目进行评审，使其处于受控状态。评审确定以下内容：

项目的特点、自然条件、工程状况；

项目改造后的质量目标与要求；

项目改造后社会和经济状况及影响；

确定工作内容；

确定项目各专业参加人员；

确定项目改造完成所需资源。

（3）项目设计合同的控制、评审及签订

合同评审时，技术部门，按项目建设规模、复杂程度和技术质量要求确定项目组成员。项目组成员包括项目负责人、专业负责人和设计人。

评审结果和需要采用的措施应在《合同评审表》中予以记录。

4.5.3　过程控制

（1）项目设计进度及人力资源的控制

设计所是设计和开发的执行部门，设计所在工程合同签订后指定项目负责人，由项目负责人负责编制《设计和开发策划表》，并明确各相关专业负责人和设计人员名单以及工程组人员在参加设计和开发过程中的职责分工和权限。

随着设计和开发的进展，策划的输出应予以更新，经主管领导批准后实施。

（2）项目设计开发输入的控制

各专业负责人应确定与设计项目要求有关的输入，填写《设计和开发输入表》，经项目负责人签字后确认。

（3）项目设计内外部对接及资料互提的控制

项目负责人应对参与本项目设计和开发的各专业之间的接口进行管理，以确保有效的沟通。设计工作开始，专业负责人应在设计和开发策划规定的时间填写《内（外）部接口联络单》交付外部建设单位和内部相关专业。

专业负责人应在设计和开发策划规定的时间填写《设计和开发提资单》，交付相关专业。

（4）项目设计质量的控制

工程设计项目组应依据设计和开发策划的安排，对设计和开发进行验证。

设计和开发验证的目的是为检查设计质量，确保设计和开发的图纸质量输出满足输入的要求，满足现行规范、规程的要求。

设计人员应将《设计和开发输入表》及设计输出文件（图纸、模型、计算书等）依次交给有关规定的人员进行校对、审核、审定，校审人员分别填写《设计和开发验证表》，提出设计存在问题，交还设计人员修改设计，修改后校审人员对设计文件和《设计和开发验证表》进行验证确认签字。

项目组应依据设计和开发策划的安排在适宜的阶段对设计和开发进行系统的评审。设计评审的次数根据设计过程特点，可能是一次评审，也可能是多次评审，但是，在设计过程中形成阶段性关键设计成果时均应进行评审。

项目负责人、专业负责人在评审前做好评审准备工作。

评审的目的应达到：评价设计和开发的结果满足要求的能力；识别问题，发现设计和开发的缺陷和不足，并提出应采取的措施。

项目负责人应将评审结果及采取的措施记录在《设计和开发评审表》中。

（5）项目设计的确认及归档的控制

为确保设计文件能够满足规定的使用要求或已知的预期用途的要求，依据设计和开发策划的安排，对已完成的设计文件进行确认。

设计和开发确认活动有：

① 顾客确认。

② 第三方确认（施工图设计文件审查或会审）。

设计和开发确认的时间在提交设计文件后进行。

项目负责人应组织项目组成员参加确认活动，负责报告和答疑，对确认结果及采取措施应予记录，施工图设计文件审查表由项目负责人复印后随时归档，设计和开发确认表在有关方签字后归档。其他确认结果文件在收到后及时归档。并及时填写《设计和开发确认表》和《设计和开发资料归档清单》。

（6）项目设计更改的控制

设计输出文件交付顾客后如因顾客要求、设计本身要求或第三方要求，均会导致设计和开发更改。

一般性设计和开发更改，由设计人员填写《设计和开发变更单》，经专业负责人校对，原设计文件的审核人审核，变更受影响的相关专业负责人或设计人员会签确认，项目负责人签字后交付实施。

对涉及项目方案性的重大更改，即影响到工程量或工程布局的应视为重大设计和开发更改。对此类更改应进行评审、验证和确认，并在实施前得到规定授权人批准。

4.6　施工阶段

区别于新建建筑工程，改造类工程施工过程经常出现图纸与实际情况不符，需要进行据实调整的情况。在施工过程中，不能盲目根据施工方案进行作业，当发现实际情况和施工方案存在差异时，需要及时反馈给设计人员，共同制定采取措施，必要时，进行相关改造方案变更，以此来保证建筑结构改造的质量。

在改造项目实施过程中，必须对进展过程实施动态监测，随时监控项目的进展情况，收集现场的实际情况并及时反馈给设计人员进行校核，以确保设计指导现场生产，现场生产实现设计意图。

具体的结构改造施工内容包括：结构加固、结构拆除、内部加层、增删楼层。其中，改造项目的加固与拆除顺序不是固定不变的：有时是先拆除、后加固；有时是先加固、后拆除；有时是加固、拆除同时进行，即边加固、边拆除，所以结构施工要根据项目实际情况出发，选择相对较安全的施工方法。

此外，改造项目还需要重改造需求，对原有公共配套系统进行拆除、升级，其中燃气管道、强电工程改造方法也要全面考虑。

第5章　装配式建筑工程的全过程设计管理

5.1　装配式建筑概述

　　装配式建筑是指结构系统、外围护系统、设备与管线系统以及内装系统通过设计集成，全部或主要采用预制部品部件、工地装配而成的建筑。装配式建筑按建筑主体结构所采用的材料可分为装配式钢筋混凝土结构、装配式钢结构、装配式钢-混凝土混合结构、装配式竹木结构等。由于钢结构、木结构、竹结构传统意义上就是装配式，而钢-混凝土混合结构应用较少，所以我们通常讲的装配式建筑一般是指装配式钢筋混凝土结构，与传统的现浇施工工艺相对应。

5.1.1　常见装配式混凝土结构体系

　　装配式混凝土结构可笼统的分为装配整体式混凝土结构和全装配整体式混凝土结构，两者均应该基本达到或接近与全现浇混凝土结构等同的效果，也就是"等同于现浇"的基本设计原理。其中装配整体式混凝土结构是指由预制混凝土构件通过可靠的方式进行连接并与现场后浇混凝土、水泥基灌浆料形成整体的装配式混凝土结构；而全装配式混凝土结构的 PC 构件则是靠干法连接（如螺栓连接、焊接等）形成整体。实际应用中以装配整体式混凝土结构居多。以下为几个常用的装配整体式混凝土结构体系：

　　（1）外挂墙板体系

　　预制部件：外挂墙板，叠合楼板，阳台，楼梯等。

　　体系特点：竖向受力结构采用现浇，外墙挂板不参与受力，预制比例一般为 10％～30％，施工难度较低，成本较低，常配合大钢模或铝模施工。

　　适用高度：高层，小高层。

　　适用建筑：住宅，办公建筑。

　　（2）装配式剪力墙体系

　　预制部件：剪力墙，叠合楼板，楼梯，内隔墙等。

　　体系特点：工业化程度高，房间空间完整，无梁柱外露，施工难度和成本均较高，剪力墙受力钢筋连接质量不易保证。

　　适用高度：高层，小高层。

　　适用建筑：商品房，保障房等住宅。

　　（3）全现浇外围护墙体系

　　预制部件：剪力墙，叠合楼板，内填充墙，楼梯等。

　　体系特点：结合铝模板施工，现浇构件外观质量好，可以薄抹灰或免抹灰，同时可以有效提高预制装配率和施工进度。

　　适用高度：高层。

适用建筑：商品房，保障房等住宅。

（4）装配式框架体系

预制部件：框架柱，叠合梁，叠合楼板，内填充墙，楼梯等。

体系特点：工业化程度高，预制比例可达 80%，内部空间自由度好，室内梁柱外露，施工难度较高，成本较高。

适用高度：50m 以下（地震烈度 7 度）。

适用建筑：办公，商场，学校，厂房等公共建筑。

（5）装配式框架-剪力墙体系

预制部件：框架柱，剪力墙，叠合楼板，楼梯，内填充墙等。

体系特点：工业化程度高，施工难度高，成本较高，室内柱外露，内部空间自由度较好。

适用高度：高层，超高层。

适用建筑：公寓，酒店，办公等公共建筑。

5.1.2　装配式混凝土结构与传统现浇结构的区别

（1）装配式建筑实现了产品生产的四大转变：

1）生产工艺，由手工变成机械。

2）生产地点，由工地现场变成工厂。

3）施工方式，由现场施工变成现场总装。

4）施工人员，由农民工转变成产业工人、操作工人。

（2）装配式建筑实现了项目开发过程的三大可控：

1）质量可控，工业化生产，用机器取代人工，等于减少甚至消除了工人在生产过程中犯错误的机会，机械设备的可靠性要远高于工人现场操作施工的可靠性。传统施工方式中，工人素质、技术能力和责任心等因素带来的质量风险可以得到有效规避，可以做到质量可控。

2）成本可控，工业化生产，对原材料的使用，机械设备、人工的使用，均能准确计算；现场施工环节工序简单，施工全过程可预知可模拟，传统施工方式过程中的原材料价格波动、劳动力成本变化、现场变更签证等成本风险可以得到有效规避，可以做到成本可控。

3）进度可控，工业化生产，在设备产能、原材料供应充足的情况下，构配件的生产进度完全可控；现场总装过程工序简单，传统施工方式过程中的劳动力不足、材料供应不畅、天气因素等进度风险可以得到有效规避，可以做到进度可控。

（3）与传统现场全现浇方式对比的优点：

1）施工现场取消了外架，减少甚至取消了室内、外墙抹灰工序，构件由工厂统一配送，楼板底模取消，铝模等新型模板取代传统木模板，现场建筑垃圾可大幅减少。

2）PC 构件在工厂预制，构件运输至施工现场后通过大型起重机械吊装就位。操作工人只需进行扶板就位，临时固定等工作，大幅降低操作工人劳动强度。

3）门窗洞预留尺寸在工厂已完成，尺寸偏差完全可控。室内门需预留的木砖、混凝土块在工厂也完成，定位精确，现场安装简单，安装质量易保证。

4）保温板夹在两层混凝土板之间，且每块墙板之间有有效的防火分隔，可以达到系统防火 A 级，避免大面积火灾隐患。且保温效果好，保温层耐久性好，外墙为混凝土结构，防水抗渗效果好。

5）取消了内外粉刷，墙面均为混凝土墙面，有效避免开裂、空鼓、裂缝等墙体质量通病，同时平整度良好，可预先涂刷涂料或施工外饰面层或采用艺术混凝土作为饰面层，避免外饰面施工过程中的交叉污损风险。

5.2 装配式建筑现行设计体系

5.2.1 国家标准规范规程

装配式建筑作为国家大力推广的新型建造模式，以前的规范内容主要是针对传统现浇建造方式，涉及的装配式建筑相关内容较少。为保证装配式建筑的设计、构件加工、施工及验收有相关的依据，住建部组织编写了国家标准和行业标准。如：《装配式混凝土建筑技术标准》GB/T 51231-2016，《装配式建筑评价标准》GB/T 51129-2017，《装配式混凝土结构技术规程》JGJ 1-2014，《装配式住宅建筑设计标准》JGJ/T 398-2017 等。

5.2.2 建筑产业现代化国家标准设计

为进一步推动我国建筑产业现代化的技术发展和工程实践，依据现有标准体系，并结合各地发展现状，住建部在 2015 年 5 月组织编制了《建筑产业现代化国家建筑标准设计体系》（建质函〔2015〕121 号）。本体系按照主体、内装、外装三部分进行构建，其中主体部分包括钢筋混凝土结构、钢结构、钢-混凝土混合结构、木结构竹结构等，内装部分包括内墙地面吊顶系统、管线集成、设备设施、整体部品等，外装部分包括轻型外挂式围护系统、轻型内嵌式围护系统、幕墙系统、屋面系统等内容。

本体系主要适用于民用建筑。全装配单层工业厂房现有五十余本相关图集，已使用多年，体系较为完整，故本体系未列入。其他工业建筑可参考本体系相关内容使用。

按照使用功能不同，分为设计指导类、施工指导类和构件构造类三大类别。例如已发布的部分常用标准设计：《装配式混凝土剪力墙结构住宅设计（技术措施）》《装配式混凝土剪力墙结构施工（技术措施）》《装配式混凝土结构连接节点构造（楼盖结构和楼梯）》15G310-1，《装配式混凝土结构预制构件选用目录（一）》16G116-1 等。

5.2.3 地方标准规范及图集

由于经济、技术、政策等方面现状不同，各地通常也会制定一些适合当地情况的规程和图集，内容包括设计、施工、造价以及检测验收等以作为国标的补充，甚至有些地方的要求高于国标。例如：《装配式剪力墙住宅建筑设计规程》DB11/T 970-2013，《装配整体式混凝土住宅构造节点图集》DBJT 08-116-2013《装配式结构工程施工质量验收规程》DGJ32/J 184-2016 等。

5.3　装配式建筑实行全过程设计管理的必要性

《国务院办公厅关于促进建筑业持续健康发展的意见》（国办发〔2017〕19 号）文件首次明确提出"全过程工程咨询"这一理念。对于装配式建筑，更需要具备丰富经验的全过程工程咨询公司，提供全产业链的装配式技术咨询服务。目前装配式行业内主要咨询服务形式是根据提供的装配式建筑设计图纸，咨询服务公司提供一体化的预制构件深化设计咨询服务，配合招标单位考察确定构件加工单位，提供专业的工厂生产指导、现场装配指导。随着装配式建筑项目的增多，以后的咨询服务必将涵盖全过程，包括项目策划、装配式实施方案、施工图设计、深化图设计、构件生产、构件运输安装、检测评定、项目运维在内的全产业链全过程项目咨询。

5.3.1　国内外建筑设计咨询服务的比较

国际通行的建筑设计咨询服务程序一般可划分为建筑策划、建筑设计、招投标、施工监理与运营维护等五个阶段。国际上，建筑设计公司（事务所）通常可以向业主提供从建筑策划至设计全程（含策划、方案、扩初、招标图、施工图等）、招投标、施工监理等"一条龙"的全过程工程咨询服务，也可以根据业主需要，提供一个或数个阶段的"菜单式"咨询，如前期策划、方案设计、施工图设计等单项服务。

而我国的设计公司（院、所）目前只能提供图纸设计，尤其是对新兴的装配式建筑产业链服务更是缺乏策划层面的统筹全局观，这种现状已不能满足建设业主对工程建设组织方式的多样化需求，因而全过程工程咨询服务模式势在必行。

5.3.2　全过程工程咨询是装配式建筑发展必然之路

UIA 国际建协政策推荐导则中对建筑师职业责任的界定为，"包括提供城镇规划，以及一栋或一群建筑的设计、建造、扩建、保护、重建或改建等方面的服务。这些专业性服务包括（但不限于）：规划、土地使用规划、城市设计、前期研究、设计任务书、设计、模型、图纸、说明书及技术文件，对其他专业（咨询顾问工程师、城市规划师、景观建筑师和其他专业咨询顾问师等）编制的技术文件作应有的恰当协调，以及提供建筑经济、合同管理、施工监督与项目管理等服务。"由此看，提供设计全过程服务是国际化建筑师的天然职责。而全过程服务是我国建筑师职业实践的短板。

在我国，装配式建筑项目可行性研究与方案设计往往脱节，这是由于在可行性研究与方案设计之间缺少了一个重要程序——装配式建筑策划。由于设计策划的缺失，造成我国建筑师（设计院）只能被动依据业主提供的设计任务书及规划条件，按"书"设计，而未能充分思考涉及项目目标决策的全局性、方向性问题，造成在后续工作中往往不得不因前期决策依据不足而反复变更，建筑师由于缺乏方向感只能被动地服从业主反复不定的变更要求，这也在一定程度上损伤了其"主导"设计的权威性。

国际建协职业实践委员会联席主席、清华大学庄惟敏教授的《建筑策划导论》，开启了我国建筑策划理论的研究和实践。他认为，"建筑策划与建筑设计之间不可分割的前后联系，并不意味着建筑策划的研究成果只是建筑设计的前提条件，它在项目的决策、实施等阶段也占有极其重要的地位。"因此，以设计为主导，首先要提升建筑师的策划能力，建议在立项和方案之间增加建筑策划这一法定程序，从而强化设计的内在质量，树立设计主导的权威性。由此看来，以建筑策划为纽带的可行性研究方案是决策设计阶段最有技术含量、最具科学逻辑性的综合创意过程，推行设计为主导的全过程工程咨询，必须做到建筑策划先行。

那么，全过程工程咨询的主导者应该是谁？以设计为主导、建筑策划先行，实施全过程工程咨询，关键在于全过程服务的总牵头人，显然要满足这种超级复合式咨询服务，需要总牵头人至少要做到"五懂"，即"懂策划、懂设计、懂造价、懂材料、懂施工"。

建筑策划与其他各环节紧紧相扣，互相反馈，共同把建筑推向精细化。因此，全过程工程咨询总牵头人可以向所有真正具备相应服务能力的上述各类专业人士开放，而其中最重要的业主信任问题可以结合个人执业保险制度予以完善。

5.3.3　设计企业应率先实践全过程工程咨询

鉴于设计在全过程工程咨询中的主导作用，建议政府管理部门在允许设计、监理、造价等市场主体平等参与全过程工程咨询的前提下，优先鼓励、培育设计企业率先发展全过程工程咨询服务能力。这是因为设计企业处在产业链上游，人才综合素质较高，只要前期加强建筑策划研究，中期适当进行图纸和招标、造价环节的"微创新"，后期积极参与工地管理，就能快速完成华丽转身。

总之，正如中国勘察设计协会王树平理事长指出，"全过程工程咨询是市场的产物，是建筑业的最高端服务，要注意国际惯例与中国特色的融合，在这一融合与博弈中，设计、监理、造价企业或其他市场主体都有自己的发展机会，但谁将执全过程工程咨询之牛耳，最终有待于市场的检验。政府管理部门应当充分信赖市场的选择机制，一方面充分开放市场，一方面依赖工程保险与担保等市场机制控制风险，不必越俎代庖"。

5.4　装配式钢筋混凝土结构全过程设计管理

预制装配式建筑对传统的建设模式和生产方式产生了深刻的变革，影响预制装配式建筑实施的因素有技术水平、生产工艺、管理水平、生产能力、运输条件、建设周期等方面。在预制装配式建筑的建设流程中，需要建设、设计、生产和施工、监理等单位精心配合，协同工作。与采用现浇结构建筑的建设流程相比，预制装配式建筑的设计工作呈现五个方面的特征：

（1）流程精细化：预制装配式建筑的建设流程更全面、更综合、更精细，在传统设计流程的基础上，增加了前期技术策划和预制构件加工图设计两个设计阶段。

（2）设计模数化：模数化是建筑工业化的基础，通过建筑模数的控制可以实现建筑、构件、部品之间的统一，从模数化协调到模块化组合，进而使预制装配式建筑迈向标准化设计。

（3）配合一体化：在预制装配式建筑设计阶段，应与各专业和构件厂、施工单位充分配合，做到主体结构、预制构件、设备管线、装修部品和施工组织的一体化协作，优化设计成果。

（4）成本精准化：预制装配式建筑的设计成果直接作为构配件生产加工的依据，并且在同样装配率的条件下，预制构件的不同拆分方案也会给投资带来较大的变化，因此设计的合理性直接影响项目的成本。

（5）技术信息化：BIM 是利用数字技术表达建筑项目几何、物理和功能信息以支持项目全生命期决策、管理、建设、运营的技术和方法。建筑设计可采用 BIM 技术，提高预制构件设计完成度与精确度。

在预制装配式建筑设计过程中，可将设计工作环节细分为以下三个阶段：建筑方案阶段、拆分策划阶段、构件深化阶段。同时也应该延伸至前置的投资决策阶段和后置的构件加工阶段以及施工阶段。

由于多数建设单位及施工单位对装配式建筑的认识不够全面，项目参与各方经验少，无法高效衔接，导致了如下的装配式建筑行业现状：

1）构件拆分：方案任性、形体复杂、种类过多、信息混乱。

2）构件深化：图纸深度和质量不一、节点复杂、专业协调不到位。

3）构件生产：产能跟不上、构件质量粗糙、错误理解图纸。

4）构件运输：运输车辆效率低、路线制定不合理、运输过程中造成损坏。

5）构件吊装：堆场不够、起重设备能力不足、施工人员无经验、低效低质。

5.4.1　投资决策阶段

（1）设计管理工作内容

1）熟悉了解国家和当地的产业政策，并向相关各方解释清楚。

2）明确土地出让条件和规划要点等文件中针对装配式指标的要求。当未有明确要求时，咨询当地相关产业化管理部门的意见。

3）根据项目自身是否有提前预销售、招投标、获取不计容面积奖励或其他需要，并结合当地的各项政策，统筹考虑后提出合理化建议。

4）提出实现装配式指标要求的方法建议。

5）测算达到装配式指标要求时的成本控制和工期控制。

（2）设计管理工作介入时间节点

建设单位准备拿地或者已经取得土地准备项目启动时。

（3）本阶段设计管理工作目标

1）确认获得最有利的装配式指标。

2）指标实现难度太大时争取降低指标，甚至寻求取消装配式指标要求。

3）在达到首要目标的前提下实现综合收益最大化。

5.4.2　设计阶段

（1）建筑方案期

1）设计管理工作内容

① 针对现有建筑户型、规划方案、立面效果等资料，结合产业化的政策要求、技术特点，对建筑方案提出具体的优化完善建议（包括结构系统、外围护系统、内装系统和机电系统等），使结构体系合理，装配方案科学。满足政策要求和装配式建筑技术要求，明

确产业化实施范围。

② 配合建筑设计院确定预制构件种类及应用范围，确定构件连接方式，使构件加工和施工都具有可实施性。并对建筑方案平立面布置及结构布置提出基于装配式的优化建议，包括立面造型、阳台做法、地面做法、门窗洞口位置大小等，满足装配式的技术要求。

③ 与建筑设计院和精装设计单位配合，确定装修标准和装配率得分表，初步计算各个单体的预制率，检查预制构件的标准化及种类，汇总各方资料完成装配式建筑项目实施技术方案报告的有关内容，完成专家评审会中有关装配式建筑专篇的内容制作，满足评审要求。

2）设计管理工作介入时间节点

建筑户型和规划方案初步确定时，方案设计的同时提供同步指导。

3）本阶段设计管理工作目标

① 确定建筑方案的可行性，在装配式方面尽可能完善，确保建筑质量和品质。

② 从方案阶段开始确定技术方向和实施路线，以控制成本，此阶段对成本的影响最大。

③ 完成装配式方案咨询意见及装配式技术专篇，并通过装配式建筑项目专家评审会。

（2）构件拆分策划期

1）设计管理工作内容

① 对项目各方进行装配式技术要点交底。

② 根据构件加工及运输、吊装施工的特点对结构布置进行优化，考虑装配式结构相关计算原则、连接计算、调整系数等对结构设计提供建议，并提出建筑、设备、内装的设计优化建议。

③ 复核预制装配率计算书和预制装配率汇总表。

④ 校审预制构件的布置图，典型构件的模板图、配筋图以及典型构件的连接节点图。

⑤ 提供预制构件深化、生产、运输、堆放及安装验收要求。

2）设计管理介入时间节点

建筑规划方案审批通过，建筑户型方案确定及施工图设计过程中。

3）本阶段设计管理工作目标

① 确保施工图设计中，装配式技术的落地和落实设计质量。

② 协助业主完成施工图阶段的成本测算，控制项目成本，同时为后续预制构件采购做准备。

③ 协助业主完成对项目的可实施性、质量和工期进行评估，控制项目后续实施风险。

④ 协助建筑设计院完成施工图审查，取得审查合格证。

（3）预制构件深化期

1）设计管理工作内容

① 根据各专业施工图和精装点位图，考虑构件制作、堆放、运输、吊装及施工的要求，核实预制构件详图是否满足构件模具设计和构件加工的要求。

② 根据构件加工厂的建议，结合生产设备和工艺特点，对构件制作详图提出优化调整的意见。

③ 加工前向构件加工厂进行技术要点交底。

④ 协助业主方在预制构件采购过程中，进行相关技术配合工作，如工厂考察、考察要点、采购建议等。

2）介入时间节点

策划方案通过专家评审、施工图外审合格及总包单位确定后。

3）本阶段设计管理工作目标

① 控制装配式设计成果的落地质量，协助业主方控制预制构件加工采购成本，配合进行预制构件采购和质量控制。

② 必要时，可配合构件厂细化和完善预制构件的生产工艺。

4）构件深化设计单位的选择

装配式结构与传统现浇结构相比，多了一个构件的深化设计阶段。目前对构件深化设计单位的选择有两种方式：一种是主体设计院加专项深化单位，另一种是有深化能力的主体设计院。两种方式各有优缺点，关于构件深化单位的选择，实际上仍需要根据各地区设计水平实际情况以及报审、审图等政策综合确定。最好在选择施工图主体设计单位时统筹考虑。

① 主体设计院加专项深化单位

优点：构件深化设计能力强，经验丰富。

缺点：仅专注于构件深化设计，对整个项目的把控力度不足。

主体设计与深化设计脱离，会出现交接不完善的现象。

专业深化单位选择局限性较大。

② 有深化能力的主体设计院

缺点：构件深化设计经验相对较弱。

优点：整体设计能力强，对项目的全程把控力度大。

同一家设计单位，全程参与度更高，界面交接更顺畅完善。

善于运用新技术。

5）预制构件厂的选择

预制构件一般情况下是在构件加工厂制作，然而并不是每一个施工单位都有自己的工厂，所以很多没有施工经验的企业在预制构件厂的选择上往往也缺乏经验。有的企业在考察构件厂时没有考虑周全，导致构件厂的产能跟不上现场的施工进度，从而产生窝工等延误工期的情况；有的企业侧重点在于产能，而忽视质量，导致运至现场的构件存在多处质量缺陷。

因此，选择一个优秀的构件厂是一件非常重要的事。在对构件厂考察时，应该考虑以下几点：

① 考察厂址及运输路线

构件厂通常位于郊区，交通都比较顺畅。主要考察构件厂距项目运输距离是否控制在100km 以内的合理范围，是否有满足预制构件运输的畅通路线，使构件可以顺利运输到项目现场。运输路线尽量选择高速公路，避免狭窄拥挤的市区道路，要求批量送货前运输队对路线进行实际勘察。最好初步选择两个运输路线方案，以避免出现构件运输中的突发情况，造成构件无法按时到达项目现场，影响构件安装。如果项目场地可以设置较大的构件堆场，则运输可以提前完成。

② 考察堆场及运输能力

预制构件厂构件堆放场地不仅是构件存储场地，也是构件质量检查、修补、粗糙面处理、表面装饰处理的场所。室外场地面积一般为制作车间的 1.5～2 倍。地面尽可能硬化，至少要铺碎石，排水要通畅。室外场地需要配置 16～20t 龙门式起重机，场地内有构件运输车辆的专用道路。构件的堆放场地布置应与生产车间相邻，以方便运输、减少运输距离。

堆场的大小侧面也反映出工厂生产能力的强弱，因为生产能力小的工厂，用不上大堆场，相反生产能力大的工厂，堆场太小也无法囤货。

③ 考察产品质量及管理技术人员实力

质量是一个构件厂能否发展的决定性因素，同时也是一个装配式项目工程的关键内容。一般构件厂都会有单独的样板展示区，然而这并不能作为考察的依据，因为展示样板都是经过精心制作或修补完成。如果选定的构件厂在项目赶工阶段的构件质量不达标，经常出现残次品导致退货，会使整个项目的工期延误。

所以，在质量方面，考察的重点在于堆场的构件质量，或者可以去参观在建的供货项目现场了解真实情况。

④ 考察产能及业绩

目前的诸多构件厂，日生产 100m³ 是正常情况，往往供应一个 20 万 m² 装配率 50% 的项目完全没有问题。但是装配式建筑目前在我国呈遍地开花之势，项目多，工厂少，整个行业正处于供不应求的情况，所以几乎每家构件厂都在同时供应多个装配式项目。

在考察产能时，必须了解到该构件厂的日生产量以及目前供货的在建项目有多少，从而确保后期的生产供货能否与现场的施工进度同步。

⑤ 考察模台及生产工艺

预制构件制作工艺有两种：固定模台方式与流动模台方式。

固定模台是模具布置在固定的位置，流动模台是模具在流水线上移动，也称为流水线工艺。

a. 固定模台

固定模台是固定式生产的主要工艺，也是构件制作应用最广的工艺。其主要可以生产梁、柱、墙板、楼梯、飘窗、阳台等格式构件。它最大的优势是适用范围广，灵活方便，适应性强。

b. 移动模台

流动模台是将模台放置在滚轴或轨道上，使其移动。生产时，模台先移动到组模区组装模具；然后移动到钢筋和预埋件作业区，进行钢筋绑扎和预埋作业；之后再移动到浇筑振捣平台上进行混凝土浇筑；完成浇筑后，模台下平台对混凝土进行振捣；最后移动到养护区养护、脱模。流动模台适合生产叠合板、无装饰面层的墙板及其他标准型构件。

一个高产能的构件厂必须固定模台和移动模台同时具备并使用，才能满足施工现场标准构件与非标构件的生产与供货。

⑥ 考察养护窑

养护窑并不是每一个构件厂的标配，但养护窑往往能为一个构件厂加分。

养护是保证混凝土质量的重要环节，对混凝土的强度、抗冻性、耐久性有很大的影响。混凝土养护有三种方式：自然养护、蒸汽养护、养护剂养护。预制混凝土构件一般采用蒸汽养护，可以缩短养护时间，快速脱模，提高效率。

立体养护窑窑体是由型钢组合成框架，框架上安装有托轮，托轮为模块化设计。窑体外墙用保温材料拼合而成，每列构成独立的养护空间，可分别控制各孔位的温度。模具在立体养护窑中经过静置、升温、恒温、降温等几个阶段使预制构件强度达到设计要求。

进入冬季施工后，采取自然养护的脱模时间往往长于蒸汽养护的，而构件需要在混凝土强度达到75％后方可脱模、吊运。因此，有养护窑的构件厂能大大提高冬季施工效率，以保证供货的及时性和完整性。

6）装配式混凝土结构基本构件

装配整体式结构的基本构件按功能可分为主体结构预制构件、外围护结构预制构件、装配式内外围护构件和工业化内装部品件。

① 主体结构预制构件又可分为水平构件和竖向构件

a. 竖向构件包括预制混凝土柱、预制混凝土剪力墙、预制夹心保温外墙板、预制双层叠合剪力墙板、支撑、延性墙板等。

b. 水平构件包括预制混凝土梁、预制混凝土叠合楼板、预制密肋空腔楼板、钢筋桁架楼承板、预制混凝土楼梯、预制混凝土阳台、预制混凝土空调板等。

② 外围护结构预制构件

PCF混凝土外墙模板、混凝土外挂墙板、预制混凝土飘窗墙板、预制女儿墙、预制混凝土外围护墙等。

③ 装配式外围护构件（非混凝土预制构件）：单元式幕墙（玻璃幕墙、石材幕墙、铝板幕墙、陶板幕墙）、蒸压轻质加气混凝土外墙系统、GRC墙板等成品墙板。

④ 装配式内围护构件：玻璃隔断、木隔断墙、轻钢龙骨石膏板隔墙、蒸压轻质加气混凝土墙板、钢筋陶粒混凝土轻质墙板等装配式成品内隔墙板。

⑤ 工业化内装部品为工厂生产、现场装配的部品构件，包括：

集成式卫生间、集成式厨房、装配式吊顶、楼地面干式铺装（成品地板干式铺装、架空地板）、装配式墙板（带饰面）及装配式栏杆等。

7）预制构件深化前的资料收集

① 建筑、结构、设备等各专业施工图。

② 精装施工图。

③ 装配式建筑构件拆分策划书。

④ 预留预埋的点位、孔洞、管线等条件图。

⑤ 施工单位提供的放线孔、泵管孔、外挑脚手架孔等条件。

⑥ 施工现场模板（是否采用铝模等）条件。

⑦ 施工现场起重设备参数及总平面布置图。

⑧ 构件厂的位置、生产能力及生产工艺等。

⑨ 相关各方预制装配式的业绩及经验情况。

8）主要结构预制构件的设计要点

① 预制叠合板

通常所说的叠合板是指桁架钢筋混凝土叠合板（《桁架钢筋混凝土叠合板（60mm厚

底板）》15G366-1，以下均简称为叠合板），另外还有预应力混凝土叠合板（《预应力混凝土叠合板》国标 06SG439-1、《预应力混凝土叠合板》江苏省标苏 G11-2016）等。

叠合板预制底板板厚为 60mm，现浇层厚度有 70mm、80mm、90mm 三种。一般情况下住宅现浇层多采用 80mm，当层数较低管线较少时现浇层也可以采用 70mm。设备管井附近由于管线较多，需要核实现浇层厚度是否满足管线的埋设要求，必要时加厚现浇层或者改为全现浇板。

叠合板宽度通常为 1200～2400mm，受运输车辆限制，宽度不宜大于 3000mm。另外板宽过宽时，在运输、吊装过程中容易产生裂缝。

双向板的跨度通常为 3000～6000mm，单向板的跨度通常为 2700～4200mm。当跨度大于 3900mm 时，桁架钢筋要加强。

叠合板的自重通常在 0.5～1.8t 之间，施工塔吊均能满足吊装要求。

设计叠合板时，特别要注意底部某几层剪力墙厚度加厚的情况，此时板的宽度和长度要比标准层相应减少。

住宅、公寓等常用四边出筋的双向板以减少拼接部位的裂缝；公建由于通常会有吊顶故常采用两边出筋的单向板，加工和安装都比较简单。双向板的现浇板缝一般取 300mm，即满足钢筋水平搭接的要求，同时也避免了规范中大于 300mm 宽时需按现浇来计算预制率的问题。当然，为了减少叠合板的种类，也可以微调现浇板缝宽度。另外，叠合板通常不用于屋面，以避免渗漏。

叠合板除底板面以外，其他面都要求为粗糙面，要求凹凸深度不小于 4mm，粗糙面的面积不小于结合面的 80%。人工粗糙面通常采用水洗法或者顶面拉毛，侧面使用刻痕模板等方法。

叠合板中的预留预埋包括：预埋 86 接线盒（电气专业提供）、预留水管孔洞（给排水专业提供）、预留烟道孔洞（建筑专业提供）、测量放线孔（施工单位提供）、混凝土泵管孔（施工单位提供）、铝模递料口（施工单位提供）等。其中，施工现场需要的预留孔尽量放在全现浇的板里，或者放在叠合板的现浇板缝里，也可以直接利用烟道等孔洞。同时要注意精装图和设计院的设备专业图纸中的点位是否一致，底层如有入户大厅或者有使用功能不同于标准层的房间时，要注意点位的区别。

当预埋件与钢筋相碰时，通常采用在 50mm 范围内微调预埋件位置，或者将钢筋弯折绕过预埋件（下料时需适当加长钢筋的长度）的方式。一般不采用移动整根钢筋位置的方式，这样会影响到模具侧面的钢筋孔。确有必要时，适当调整桁架钢筋的位置以避开预埋件，但要注意桁架钢筋距离板边不要小于 160mm（埋设吊点加强筋用），也不要大于规范要求的 300mm。桁架钢筋之间的距离规范规定是不宜大于 600mm，通常为 400mm、450mm 或 600mm，根据需要也可稍大于 600mm。

叠合板角部如果有几个预留小洞口时，为保证预制质量，防止在脱模或者运输吊装过程中损坏，也可以做个大的方洞，待设备管线安装后再现浇补全。

叠合板需要进行脱模验算、吊装验算。叠合板至少采用 4 个吊点，根据宽度和跨度的不同，可以采用 6～9 个吊点。

叠合板的配筋按叠合后的总厚度，采用等同于现浇板的原则进行计算。由于住宅里荷载较小，预制底板加现浇层后整体板厚较厚，基本为构造配筋。直接在板上的墙体下面或者洞口周边，叠合板中需增设加强筋。需要注意的是单向板在结构计算时要调整板的导荷方向，同时底筋按简支计算，板面筋按固端计算，进行包络设计，在保证结构安全的同时尽量避免板表面产生裂缝。

② 预制混凝土梁、柱

a. 除非预制率有较高的要求，否则尽量不同时对框架梁和框架柱进行预制，以避免钢筋碰撞难以安装。有条件时，优先采用大直径高强钢筋以减少钢筋的数量。

b. 尽量减少预制柱规格。采用较大的统一断面及统一配筋，最好只有中柱、边柱和角柱三种规格。另外减少层高种类，或者只预制较多同类层高的柱。

c. 与叠合板或剪力墙板是二维平面构件不同，梁柱的节点处为三维构件，钢筋数量较多。必须利用 BIM 软件进行三维钢筋碰撞检查，以避免施工时的相互影响。

d. 框架梁宽度建议不小于 350mm，普通梁宽度不小于 300mm，以利于钢筋的排布。

e. 梁底部钢筋宜采用一排，并宜根据弯矩包络图进行截断处理，以减少进入支座的钢筋数量。

③ 预制混凝土剪力墙和外围护墙

a. 预制剪力墙为竖向受力构件，钢筋要上下连接，并需要与周边的暗柱及连梁等混凝土浇筑为整体。

b. 预制外围护墙仅起到围护作用，通常与周边为柔性连接，以避免对主体结构的刚度等造成不利影响。

c. 剪力墙一般只预制墙身，暗柱部分现浇。为保证结构安全，底部加强区的剪力墙采用全现浇。预制剪力墙宜采用一字形，平面构件的加工运输吊装都较 L 形等异形构件简单很多。开洞预制剪力墙的洞口宜居中，洞口两侧的墙肢宽度不应小于 200mm，连梁高度不宜小于 250mm。

d. 单片墙肢的宽度不宜大于 3000mm，自重不宜大于 4t。

e. 剪力墙的竖向钢筋连接方式有套筒灌浆连接、浆锚搭接连接、套筒集束连接等，以套筒灌浆连接最为常用。

f. 当采用夹心墙时，内外页墙之间的拉结件设计非常重要。通常采用不锈钢材质的 HALFEN 保温拉结件和玻璃纤维材质的 Thermomass 保温拉结件。拉结件目前暂无国家标准或规范，通常需生产厂家配合设计。

g. 预制剪力墙的混凝土强度等级不低于 C30，且不低于同楼层现浇剪力墙的混凝土强度等级。

h. 根据规范要求，当采用装配整体式剪力墙结构时，对现浇墙肢水平地震弯矩、剪力乘以不小于 1.1 的放大系数。

④ 预制混凝土楼梯

a. 预制楼梯通常为双跑楼梯和剪刀楼梯，其他异形的楼梯不适宜预制。

b. 住宅中预制楼梯常用的建筑层高为 2.8m、2.9m、3.0m、3.1m 和 3.2m（仅用于双跑楼梯）。

c. 双跑楼梯的梯间宽度常为 2.2m 和 2.4m，剪刀楼梯梯间宽度为 2.6m。其中，楼梯间宽度包含了墙体粉刷层厚度 20mm。

d. 双跑楼梯的梯段自重基本都小于 2t，普通塔吊的吊装能力都满足。而剪刀楼梯楼段自重约 5t，需要较大的塔吊，设计时也可以采取将一个梯段沿竖向拆成两个小梯段的方式来减轻自重。

e. 住宅的层高相对固定，标准化程度高，适合采用预制楼梯。而公共建筑由于功能要求、层高变化较大，楼梯间宽度种类也较多，通常不适宜采用预制楼梯。

f. 楼梯梯段设计时需要注意楼梯的绕行方向，由于中间有梯井，顺时针方向上行的楼梯梯段和逆时针上行的实际上并不完全相同。特别是左右对称的户型，建议建筑专业尽量将楼梯做成相同的上行方向，以减少梯段的规格。如果三跑或者四跑楼梯也做预制的话，需要考虑净高的问题。

g. 预制楼梯表观质量很好，通常不需要再做面层，图集中的现浇平台处板面粉刷层厚度按 30mm。如果建筑需要贴面砖时，设计时要注意调整预制楼梯和现浇平台处的高差，同时踏步面要做成粗糙面。

h. 预制楼梯通常采用立模浇筑，脱模吊点在侧面。如果构件厂采用的是平模浇筑，则要注意吊点的设置。如果和图集中的吊点设置不同，需要进行吊装验算。脱模吊点注意和吊装吊点位置错开，以免预埋时相互影响。

i. 楼梯栏杆常为现场安装，预制梯段时不预埋连接件。如现场要求预埋连接件，要与建筑专业确认好栏杆的形式，以保证埋件的位置准确。

j. 预制楼梯梯段支座处为销键连接，下端可滑动，上端为铰接。梯段板按简支计算模型考虑，可不参与结构整体抗震计算。

k. 踏步面防滑条凹槽建议采用 V 形，且适当加大离踏步边的距离，以防拆模时角部混凝土破损。如果楼梯安装完成后还有建筑面层，踏步面则不需要做防滑条。

l. 梯梁挑耳作为梯段的支承构件，设计人必须考虑受弯、受剪、受扭的组合作用和构件措施。

m. 图集中的预制楼梯梯段正常使用阶段的可变荷载为 $3.5kN/m^2$。如果梯段上有墙体，计算时需要考虑该墙体的自重。

⑤ 预制混凝土阳台、空调板、飘窗、女儿墙等

由于此类构件种类及拆分的做法较多，且多为悬挑构件，从安全角度不建议采用，如采用需要注意连接节点的验算及构造。另外除整体飘窗外，其他构件的混凝土体积均较小，除非外立面有特殊要求，预制的意义通常不大。相关内容图集中均有表达，在此不再赘述。

5.4.3 预制构件加工阶段

（1）设计管理工作内容

1）参加图纸会审及设计交底，对构件深化图纸提出合理化建议。

2）对模具设计图纸进行复核确认；并根据产能及供货计划确定所需模具的套数。

3）钢筋、混凝土、连接套筒、预埋件等原材料质量保证体系的监管。

4）构件加工的驻场旁站及随机抽查，成品的检查检测。

（2）设计管理工作介入节点

深化图基本完成及构件厂确定后。

（3）本阶段设计管理工作目标

1）模具及原材料等符合设计要求。

2）构件产能以及运输满足现场施工需要。

3）构件质量满足设计及相关规范要求。

4）与构件加工相关的设计变更得到落实。

（4）图纸会审及设计交底

设计图纸完成并通过施工图审查后，需组织参建各方共同参加图纸会审，对图纸中存在的问题和疑问进行明确解答，并由设计单位进行设计交底，以明确设计意图，提醒构件加工、堆放、运输及吊装施工时的相关注意事宜。特别要注意装配式预制构件的吊装为危险性较大的分部分项工程，需制定专项方案。

（5）模具设计及加工

构件厂拿到深化设计图纸后，会委托专业的模具厂进行模具的设计和加工。此时需要注意几个方面的问题：

1）根据施工现场的工期要求，倒排构件生产计划，明确模具设计和供货的具体时间。

2）根据构件数量的多少和供货周期，协调确认模具套数。

3）对模具设计图纸进行抽查复核确认，检查外形尺寸、方向、钢筋出孔位置、预留预埋件的固定方式、粗糙面的实现方式等。尤其注意对称构件。

4）模具尽量可调节，以适应相差不大构件的通用性。

5）模具到构件厂后宜参加现场验收。

6）有时为赶工期，构件厂会将深化图的电子版提供给模具厂做设计。如出蓝图时有修改，需及时以书面的形式通知模具厂。

7）构件生产及现场施工过程中出的变更，如有影响到模具调整的，也需及时与构件厂确认落实。

（6）构件加工生产

构件的加工生产是保证构件质量的最关键环节。在大规模生产前宜试生产，并组织相关方对试生产的构件产品进行验收，对出现的问题及时解决。构件加工生产需要注意以下问题：

1）对各种连接固定用的金属埋件，要求预先做金属预埋件拉拔试验，金属预埋件拉拔试验按《钢结构工程施工质量验收规范》GB 50205 执行。

2）模具所选用材料应有质量证明书或检验报告，模具组装完成后需进行去毛、除锈、清渣等工作，与构件混凝土直接接触的钢模表面需均匀涂抹脱模剂。对于外观要求较高的构件，在模板拼接处，如侧模与底模的拼接处，须以止水条做好密封处理，以免漏浆影响外观。预制构件及现场施工所用金属埋件与连接件等表面均须镀锌。

3）预应力钢筋，应依据设计要求计算所需的张拉控制力和张拉伸长值，放张顺序应符合结构设计与生产工艺要求。

4）钢筋接驳套筒，应严格控制其中心定位偏差。

5）混凝土用的水泥、骨料（砂、石）、外加剂、掺合料等应有产品合格证，并按有关标准的规定进行复试检验，质量必须符合现行有关标准的规定。混凝土应按现行国家标准《普通混凝土配合比设计规程》JGJ 55 的有关规定，根据混凝土强度等级、耐久性和工作性等要求进行配合比设计。

6）构件浇筑成型前，模具、隔离剂涂刷、钢筋成品（骨架）质量、保护层控制措施、预留孔道、配件和埋件等，应逐件进行隐蔽验收，符合有关标准的要求后方可浇筑混凝土。

7）混凝土浇筑时应根据实际情况均匀振捣，要求均匀密实，振捣时应避开钢筋、埋件、管线、面砖等，对于重要勿碰部位提前做好标记。预制构件混凝土浇筑完毕后，应及时按国家混凝土养护的规定操作养护。

8）预制构件达到混凝土抗压强度设计值的 75％，且立方体抗压强度不小于 15MPa 的强度时方可脱模。未达到此条件时严禁松动或旋转预埋件。构件外表面应光滑无明显凹坑破损，内侧与结构相接面须做粗糙面，参照现行国家标准《装配式混凝土结构技术规程》JGJ 1。对预制构件修补和保护，存放宜优先采用直立方式，且做好包角包面与固定的防护措施。

9）质量检测。按国家规范检测混凝土强度，预埋连接件、插筋、孔洞数量、规格、定位，外观质量检查，外形尺寸检查。成品构件尺寸偏差及变形与裂缝应控制在允许范围内。具体控制值可参见现行国家标准《混凝土结构工程施工质量验收规范》GB 50204 以及行业标准《轻骨料混凝土技术规程》JGJ 51。

（7）构件运输

构件的运输也是非常重要的环节，一方面能否保证把预制构件及时顺利的运抵施工现场，另一方面也要采取有效措施保证运输过程的安全并保证构件不破损。

1）运输方式

① 竖立式：适用于构件较大且为不规则形状时，或高度不是很高的扁平构件可排列竖立。竖立式除了需注意超高限制外还要防止倾覆，必须制作专用钢排架，排架常有山形架和 A 形架。构件与排架之间须有限位措施并绑扎牢固，同时做好易碰部位的边角保护。

② 平躺式：适用于大多数构件，对于预制楼板、墙板等扁平构件，计算出最佳支点距离以指导运输方正确设置，谨慎采取两点以上支点的方式，如采用需专门措施保证每个支点同时受力。构件平躺叠加，支点与上下层构件的接触点必须设置减振措施，如垫橡胶块等，禁止硬碰硬方式。重叠不宜超过 5 层，且各层垫块必须在同一竖向位置。

2）注意事项

① 预制构件运输时，车上应设有专用架，且有可靠的稳定构件措施。预制构件混凝土强度达到设计强度时方可运输。

② 预制构件运输时，应采用木材或混凝土块作为支撑物，构件接触部位用柔性垫片填实，支撑牢固不得有松动。

③ 预制构件起吊、运输时，混凝土强度必须符合设计要求，并应进行复核计算，确保预制构件的刚度和承载力满足要求。

④ 构件支承的位置和方法应根据其受力情况确定，但不得超过构件承载力或引起构件损伤。

⑤ 构件装运时防止构件移动、倾倒；对构件边部或与链索接触处的混凝土，应采用衬垫加以保护；对构件预留钢筋，应采取有效的保护措施防止构件污染及变形。

⑥ 在运输细长构件时，行车应平稳，并可根据需要对构件采取临时固定措施。

5.4.4　现场施工阶段

（1）设计管理工作内容

1）施工启动会现场交底，施工管控要点建议。

2）对总包单位的装配式专项施工方案进行审核，如施工组织方案、吊装方案等，并提出合理化建议。

3）必要时对现场技术人员和施工人员进行培训。

4）如果采用铝模等新技术、新工艺，需协调与装配式构件的衔接。

5）参加包括首段、首层验收在内的施工全过程的验收工作。

6）对施工中出现的质量问题进行现场查勘，并会同各方提出合理的处理意见。

（2）设计管理工作介入时间节点

施工总承包单位确定后。

（3）设计管理工作目标

1）保证构件的顺利安装。

2）保证连接节点的结构安全可靠。

3）保证外墙等部位不渗漏。

4）构件和材料的检测满足要求。

（4）构件的现场堆放要求

1）预制构件运送到施工现场后，应按规格、品种、所用部位、吊装顺序分别设置堆场。现场驳放堆场应设置在塔吊工作范围内，最好为正吊，堆垛之间宜设置通道。

2）现场运输道路和堆放堆场应平整坚实，并有排水措施。运输车辆进入施工现场的道路，应满足预制构件的运输要求。卸放、吊装工作范围内，不得有障碍物，并应有满足预制构件周转使用的场地。现场堆置一般按一层数量为单位。

3）预制外墙板可采用插放或靠放，堆放架应有足够的刚度和稳定性，并需支垫稳固。宜将相邻堆放架连成整体，在堆置板类构件时下口两端垫置 100mm×100mm 木料，确保板外边缘不受破坏。对连接止水条、高低口、墙体转角等薄弱部位，应采用定型保护垫块或专用式附套件加强保护。

4）构件应根据其刚度及受力情况选择平放或立放，并保持其稳定。

5）采用靠放架立放的构件，应对称靠放和吊运，其倾斜角度应保持大于 80°，构件上部宜用木块隔开。

6）预制楼梯可采用叠放方式，层与层之间应垫平、垫实，各层支垫应上下对齐，最下面一层支垫应通长设置，叠放层数不应大于 4 层。

（5）构件的现场吊装安装要求

1）对竖向预制构件安装从首层开始均需在楼板上准确预埋安装用下端固定金属连接件。预制剪力墙的套筒插筋必须按图纸标注位置准确预埋。

2）未做特殊说明时，预制构件吊装须使用型钢扁担。现场吊装用螺栓必须使用高强螺栓。

3）所用吊具的材质、规格、强度必须满足国标要求。吊具须有专人管理并做使用记录，每次使用前应检查损坏情况。吊点连接位置使用吊装用专用金属连接件（由厂家进行选择和深化设计）。吊装前应对构件吊装顺序进行设计并编号，按编号顺序进行吊装。

4）构件安装过程中临时支撑和拉结件应具有足够的承载力和刚度。

5）板-板连接件的紧固方式要求逐个连接。在构件校正过程中，墙板内斜撑杆以一根调整垂直度为准，待校正完毕后再紧固另一根，不可两根均在紧固状态下进行调整。每块构件吊装稳固后均需测量水平与垂直度偏差是否在允许范围内，遇需调整时应松开相关紧固件，严禁用蛮力校正。允许偏差范围详见《装配整体式住宅混凝土构件制作、施工及质量验收规程》。

6）除设计图纸上专门有说明外，不得将预制墙板上的外伸锚固钢筋弯曲或割除，以保证结构的安全性。

7）在浇混凝土时要派专职人员对墙板的平整度、垂直度进行跟踪测量，如发现变形应及时整改。

8）钢筋连接用灌浆操作应符合《装配式混凝土结构技术规程》JGJ 1-2014 中第12.3.4 条的要求。套筒灌浆操作应由供货方对施工人员进行培训并认可，施工方应固定灌浆操作员，严禁未经培训的人员随意操作。

9）墙板水平缝灌浆填充前应清理界面处渣物，并做好周围密封措施以免漏浆。灌浆路径过长时应做分仓处理，宜 3～4 个螺纹盲孔为一个仓格。套筒灌浆时间为同层现浇混凝土浇筑后即可施工，同时要求监理一起参加旁站逐个逐项检查，并做好相关记录，必须确保节点施工质量。

10）螺纹盲孔灌浆操作要求：在上层墙板吊装前有螺纹盲孔插筋处，按设计要求套入橡胶垫。灌浆前应检查螺纹盲孔内是否阻塞或有杂物。灌浆时由下孔灌入，上孔冒浆即为灌满，及时用皮塞塞紧。

11）构件安装时需要考虑防雷接地的连接。

12）外围护预制构件之间或与现浇混凝土之间的接缝要严格按照设计要求进行嵌缝并做好建筑防水面层，以防止接缝处出现渗漏。

13）装配式建筑的施工应注意施工安全，施工方案中应含有合理施工操作程序，并辅以防滑落、防碰撞等安全生产措施。

5.4.5 中间过程验收阶段

为推进建筑工业化和住宅产业化进程，完善建筑工业化工程质量评定体系，规范工业化建筑验评工作，促进建筑工业化建筑工程质量水平提高，各地都推出了许多措施，例如制定《装配式结构工程施工质量验收规程》，发布《关于加强装配式混凝土结构连接节点质量检测工作的通知》，有的地方推出了一些视频教学等。

（1）工厂生产的装配式结构标准构件或标准部件、单元房出厂应附有出厂质量合格证明文件、有效期内的型式检验报告。型式检验的内容根据构件不同选用相应参数。

（2）预制构件的检测

装配式结构构件进场时，应对其规格、型号、外观质量、预埋件、预留孔洞、出厂日期等进行检查，并对构件的几何尺寸、材料强度、钢筋配置等进行现场抽样检测。抽样检测的项目应符合规程相关条款的规定，抽样检测的结果应符合设计要求或相关标准的规定。

1) 预制混凝土构件的结构性能检验应符合现行国家标准《混凝土结构工程施工质量验收规范》GB 50204 和行业标准《装配式混凝土结构技术规程》JGJ 1 的要求。

2) 预制混凝土构件锚固钢筋用的灌浆料进场后应进行抽样检测，检测参数为抗压强度、流动性、竖向膨胀率。检测方法应符合现行国家标准《水泥基灌浆材料应用技术规范》GB/T 50448 和行业标准《钢筋连接用套筒灌浆料》JG/T 408 的规定。抽样数量：按进场批次每 5t 为一个检验批，不足 5t 的也作为一个检验批。

3) 钢筋套筒与钢筋连接应进行抽样检测。检测数量：每 1000 个为一个检验批，不足 1000 个的也应作为一个检验批，每个检验批选取 3 个接头做抗拉强度试验。若有 1 个试件的抗拉强度不符合要求，应再取 6 个试件进行复检。复检中若仍有 1 个试件的抗拉强度不符合要求，则该检验批为不合格。

4) 当外墙构件拼接缝采用嵌缝材料防水时，嵌缝材料进入现场后应进行抽样检测，检测参数为流动性、挤出性、粘结性。抽样数量：按进场批次每 2t 为一个检验批，不足 2t 的也作为一个检验批。

5) 当无施工单位或监理单位代表驻厂监督，又未对预制混凝土构件做结构性能检验时，预制混凝土构件进场后应对混凝土强度、钢筋间距、保护层厚度、钢筋直径进行抽样检测。检测方法：混凝土强度采用无损检测方法，钢筋间距、保护层厚度、钢筋直径采用电磁感应法。抽样数量：按《建筑工程施工质量验收统一标准》GB 50300-2013 中第 3.0.9 条的规定。

6) 叠合楼板、叠合墙体等现浇混凝土的质量验收应按现行国家标准《混凝土结构工程施工质量验收规范》GB 50204 的规定进行。

（3）设计院应提供构件性能检测的相关要求。设计文件中应明确灌浆套筒、灌浆料的相关技术指标。

5.4.6　竣工阶段

（1）装配式结构的分部、分项划分

1) 装配式结构工程的分项工程，应按楼层结构划分为一个检验批。

2) 装配式结构工程分项工程的质量验收应在所含检验批验收合格的基础上进行。

3) 检验批、分项工程、子分部工程的质量验收记录，质量验收的组织和程序应符合现行国家标准《建筑工程施工质量验收统一标准》GB 50300 和有关文件的规定。

（2）装配式结构各子分部工程应纳入相应的分部工程中进行验收。

（3）总承包单位及分包单位应保证施工资料真实、有效、完整和齐全。工程资料的编制、收集、整理和审核及电子档案的建立应符合相关工程档案资料管理的规定。

（4）建筑围护结构施工完成后，应对围护结构的外墙节能构造和外窗进行现场水密性、气密性和节能性能检测。当环境具备检测条件时，可直接对围护结构的传热系数进行检测。

（5）采暖、通风与空调、配电和照明工程安装完成后，应进行系统节能性能的检测，且应由建设单位委托具有相应检测资质的检测机构检测并出具报告。检验方法及检查数量应符合现行国家标准《建筑节能工程施工质量验收标准》GB 50411 的要求。

（6）竣工验收前，设计人应收集汇总设计变更、技术联系单、会议纪要等，对预制率、预制装配率等指标进行复核。

（7）设计人应参与工程竣工验收，对照设计文件及变更单等核验现场装配式的相关内容是否有漏项，施工质量和构件及配套材料的检测数量和结果是否满足相关规范的要求，提出相应的验收及整改意见，并在相关的验收文件上签字。

5.4.7 设计后评价阶段

项目竣工后应进行后评价，以总结经验教训，持续改进。后评价主要有以下几个方面：

（1）构件的拆分策划

1）构件的拆分是否更有利于方便预制和施工，以保证质量。

2）策划方案是否使工程成本更低。

3）策划方案是否使工期更短。

4）拆分后的构件是否尽量做到了标准化。

5）构件是否满足堆放运输及现场吊装能力。

（2）构件的深化

1）构件深化前的设计资料是否收集齐全。

2）构件外形尺寸是否有误，是否与结构施工图相符。

3）构件的自重是否计算有误。

4）构件各方向投影图形状尺寸是否一致。

5）构件的剖面大样是否与构件平面图剖切方向相符。

6）构件的定位轴线和尺寸等是否与平面布置图一致，安装方向是否与平面相符。

7）构件的钢筋规格数量是否满足相关要求。

8）构件的外伸钢筋是否与其他构件互相影响。

9）构件平面图中的钢筋是否与各剖面图中一致，是否与钢筋表中的规格数量相符。

10）构件的预留预埋是否与条件图一致，是否满足构件自身安装及设备安装的要求。

11）构件的预埋件是否有详图，是否与材料表中的规格数量相符。

12）构件的预留预埋是否与钢筋互相影响。

13）对称部位的构件是否编号不同，是否镜像绘制。

（3）构件的加工运输

1）构件厂的生产工艺、生产能力是否与项目匹配。

2）构件厂是否有足够的技术力量。

3）是否复核过模具设计图。

4）构件厂是否提出过合理化建议，设计变更是否落实。

5）构件厂的运输距离是否经济、路线是否合理、运输车辆是否匹配、运输方式是否安全。

（4）构件的安装检测

1）施工现场总平面图中布置的堆场和运输路线是否满足要求。

2）施工人员是否有资质有能力进行构件吊装施工。

3）构件进场验收时是否发现质量问题。

4）施工过程中是否有质量缺陷及如何处理。

5）实体破损检测后如何进行补强处理。

（5）竣工验收

1）相关竣工所需资料是否齐全。

2）分部、分项和检验批的划分是否正确。

3）构件及材料检测数量和批次是否符合规定，检测结果是否满足要求。

第6章 其他专项设计管理服务

6.1 结构顾问

结构顾问服务范围包括结构的方案设计阶段、初步设计阶段、施工图设计阶段和后期配合阶段。

6.1.1 方案设计阶段

（1）对主体设计院及其他顾问设计单位提供的主体结构方案、地基基础方案、地下室结构方案、人防结构方案等全部结构及相关设计方案和基坑支护等前期工作方案，进行技术、经济合理性评估，并提出优化意见。

（2）根据建设单位要求及主体设计院建筑设计方案，对结构体系提出不少于两个方案，并形成方案报告。报告内容包括但不限于：选型分析、初步结构计算分析、结构布置原则、经济性分析。

（3）进行方案比选，对各方案进行技术、经济合理性评估，协助建设单位选择最优方案。

（4）配合其他协同工作的设计单位和顾问公司，对与结构相关问题给出专业意见。

（5）对国内、外超高层建筑的结构体系、标准进行总结，对本项目的结构方案进行评估。

（6）评估不同结构方案对施工的影响，包括施工周期、技术难度等各方面。

（7）为建筑物基础设计和基坑开挖的场地勘察工作提供建议。

（8）对场地勘察报告进行检查。提供对试验结果的分析意见，对基础类型和埋置深度、持力层土质和允许承载力等设计参数的选择提出建议。

（9）就基坑支护在施工过程中提出的问题，提供处理建议及意见。若与周边建筑物有衔接，应协助建设单位制定本项目与邻近建筑物地下室的连接方案。

（10）针对基础设计

1）评价地质勘察报告，就基础的设计参数做出审核。

2）对最终场地勘察报告进行审核，如有需要，提出场地地质补充勘探的要求。

3）根据详勘结果初步确定基础方案。

（11）选择结构体系，确定抗侧向荷载（地震作用和风荷载）结构体系，抗震缝、伸缩缝及沉降缝的初步设置方案等。

（12）与建筑师和机电工程师配合，提供建筑物典型楼层的典型结构平面布置。

（13）建立最优方案的初步结构分析模型。

（14）深入研究承受竖向荷载的结构体系，提出典型楼面结构体系方案，供比较选择。

（15）深入研究核心筒的平面（或构件尺寸），供比较选择。

（16）参与工程会议及出席方案审批会议，澄清各审批部门及市政配套公司所提出的意见，应要求做出修改。

6.1.2　初步设计阶段

对扩初设计文件的深度、完整性、合理性、经济性、可操作性等方面进行审核，提出优化意见。

（1）对结构专业与各专业、各分项的设计配合工作提出前瞻性意见，提出合理预留方案。

（2）与各专业协调，提供技术及质量标准，确保各专业设计成果与结构设计相协调。

（3）初步设计完成，并得到相关政府部门及专家的审查和批准后，将设计所有成果文件移交给施工图设计院。

（4）根据实际需要参加各种协调会议。

（5）在对本项目进行详细分析后，如有必要，向建设单位提交有关风洞试验的书面建议。应提供风洞试验的技术要求，并与风洞实验室协调有关技术问题。

（6）在对本项目进行详细分析后，如有必要，向建设单位提交有关抗震试验的书面建议。应协调、配合专家和其他顾问进行模拟地震振动台试验、结构构件及节点试验。

（7）根据建设单位要求，如有必要，编制超限高层抗震设计文件及计算书，经主体设计院审核后，共同参加超限高层抗震专项审查会议，回答有关结构设计方面的问题，并直到审查通过。

（8）进一步检查水文地质数据，评价水文地质条件对地下室/基础设计的影响。

（9）根据地质顾问提供的沉降分析结果，对地基设计所需的各种参数提出建议。

（10）基于批准的设计方案，对结构进行初步的分析，其内容如下：

1）根据现行相关规范，确定竖向荷载和水平荷载、混凝土强度等级、安全系数等的设计标准。

2）结构方案详细的描述。

3）在竖向和水平荷载作用下，对结构进行初步的计算分析，确定主要结构构件的截面尺寸。

4）对典型结构构件（包括楼板、梁、柱和墙等）的设计进行检查。

5）对结构底部所承受的竖向和水平荷载进行初步计算。

6）混凝土和钢材用量评估。

（11）根据基础的选型，提供地基处理技术要求并供建设单位作招标之用及提供评标报告。

6.1.3　施工图设计阶段

（1）审核施工图设计对前阶段设计成果的落实情况，对与前阶段设计成果不符的内容，提出修改意见。

（2）对施工图审查阶段的修改要求，提出合理应对方案，并负责修改图纸的复审工作。

（3）协调结构专业与其他各专业的设计成果，提出合理化意见。必要时对结构设计成果提出配合调整方案。

（4）配合其他设计单位和顾问公司，对与结构相关问题给出专业建议。

6.1.4　后期配合阶段

（1）配合重大施工签证和设计变更的管理。

（2）对项目实施过程中出现的结构加固等要求提出处理方案，对加固设计成果进行技术、经济性评估，并提出优化意见。

（3）配合其他设计单位和顾问公司，对结构相关问题提供专业意见。

（4）根据实际需要参加各种协调会议。

（5）配合隐蔽验收、竣工验收，对验收过程提出的问题提出处理意见。

6.2　机电顾问

6.2.1　机电系统所包含的内容

（1）红线内室外工程机电配置、场地室外管网及管网综合（含市政管线接驳等）。

（2）空调采暖及机械通风系统，包括消防排烟及加压系统。

（3）采暖系统。

（4）动力系统。

（5）消防系统，包括：气体灭火系统、自动报警系统及联动控制系统、紧急广播系统、消火栓系统、自动喷淋系统、防排烟系统等内容。

（6）给水排水系统，包括：生活冷/热用水供应系统，雨水、污废水及厨房废水排放系统等内容。

（7）变配电系统，包括：应急电源配电系统、动力及照明系统、防雷接地系统、备用发电系统等内容。

（8）弱电系统，包括：背景音响及公共广播系统、电话配线系统、安保系统（包括门禁、巡更、报警、监控等）、楼宇自动化系统、卫星天线与有线电视配线系统、综合布线主干系统、智能化系统集成等内容。

（9）电梯及电扶梯系统。

6.2.2　机电顾问与其他专业顾问的配合

（1）室内及户外照明设计。

（2）园林水景设计。

（3）AV 音响设计。

（4）厨房设计。

（5）洗衣房设计。

（6）健身房、桑拿、SPA 设备设计。

（7）人防区内人防专用机电设计（如有）。

（8）防火卷帘（如有）。

（9）酒店电脑管理系统设计及酒店 IT 系统。

（10）会议系统、信息发布系统、大屏幕显示系统、智能灯光、客房智能控制系统。

6.2.3　机电顾问基本服务内容

考虑到建设单位本身利益及确保产品成果达到理想效果并符合建设单位要求，有关建议的服务内容如下：

（1）方案设计阶段服务

与建设单位、其他设计顾问及使用管理公司（如：酒店项目、医院项目等）进行联系及接触，以取得设计所需的资讯及数据。

建议建设单位进行有必要的系统可行性研究；提供机电负荷估算。

与有关部门商讨有关可能影响项目设计的事项，包括市政配套及其他方面的设施。对公共设施部分及每一发展阶段的方案进行分析及商讨。

研究建设单位所提供的工地资料资讯，包括相关的技术说明书。有需要时，进行工地视察以检查有关特点。

与建设单位及有关的政府部门商讨，确立影响能源选择因素的总体方案。

选择每一阶段最适当的方案系统。编制方案，草图以及必要的其他阐述方案设计的说明文件，并提交总结报告供建设单位审核。

对电梯和自动扶梯的运载能力进行分析。

对建筑师的总体方案及方案设计提供机电系统建议。对加入建筑结构的机房用地、主要的管井竖管以及其他类似的系统向建筑师提供信息与数据。

方案设计应符合节能、环保要求。

提供初步配套容量计算。

参与设计协调会议。

（2）初步设计阶段服务

根据建设单位批准的机电方案设计，向建筑师提供足够的机电系统及设备资料，协助建筑师确定建筑物的初步设计。

将建设单位提供的市政机电配套资料融合于机电系统设计，进行协调分析，并提出意见。

协调及配合其他专业的设计，对建筑物的机电使用空间提供相关资料及建议，以便提供最有效的建筑方案。

提供一份机电设备系统初步设计报告书，包括：

1）各机电系统的市政用量及用量参数表。包括给排水、生活热水、消防用水、采暖、空调、通风等。

2）与建设单位确认主要设备及材料表。

3）机电系统图（暖通及空调系统、电气系统、弱电系统、给排水系统、消防系统、生活热水）。

4）初步机电布置平面图，对主要机电系统的布置作单线表达。确定机房位置、大小、主要设备占用空间、主要预留管道资料、荷载对建筑及结构设计有影响的资料等。

研究及确定可选择的工程系统以确保成本的有效性、施工/安装的便捷性、系统的耐久性等。

落实每一节点系统的设计意向，并取得建设单位的同意/认可。

按国家标准规范绘制初步设计图纸供建设单位送审。

参与初步设计审批会议，澄清各审批部门及市政配套公司所提出的意见，应要求做出修改。

参与设计协调会议。

（3）机电施工图设计审核阶段服务

完成施工图设计工作。

出席技术交底及实施讨论会议，与建设单位、施工单位专业工程师进行技术讨论，以详细了解施工图中各系统的意图和依据是否符合要求。与各设计单位协调，以保证各系统设计与建筑设计妥善配合。

进行机电各系统的详细设计，包括施工平面图布置、系统图及各种机电设备明细表。

1）完善协调各个专业系统之间的关系，使各机电系统之间能够妥善配合。

2）机电施工图纸工作描述与图例要达到完整要求。

3）有关主要设备间的布置设计和管线布置要符合要求并便于维修。

4）机电施工图纸末端设备要符合要求并便于维修。

5）机电施工图纸要提供调节装置、监测装置和计量装置满足测试和将来使用的监控要求，并配有隔离装置，以便于维修。

提供完整的设备参数（包含型号、规格、功能额定容量、材料、结构及安装标准），满足设备采购的要求。

机电施工图纸需符合建设单位、管理方、建筑师、结构师、室内设计、室内外灯光照明、厨房、洗衣房、景观、SPA、弱电和声学的整合要求。

定期参加设计协调会。

（4）招投标阶段服务

准备招标所需的文件，包括各系统设备的有关工程规范、数据、设备表及供报价用的单位细目表等供有关负责单位作为招标文件。

确保所有设计、招标及施工文件的一致性，包括与其他顾问的设计协调。

会同其他顾问，向建设单位建议建筑工程的合同安排及招标顺序，以便项目顺利进行。

按建设单位要求推荐合适的投标者（及按建设单位要求提供投标者的数据）以供其选择。

协调其他顾问回顾本项目回标前机电工程成本。

按项目需要与其他有关专业顾问和投标者举行议标会议，并向建设单位提供意见。

根据项目特点，可协助建设单位分析主要机电系统和主要设备的投标资料及对投标者提供的代替程序和物料等建议做出审查，并提交评标报告。例如：

1）主要机电系统

机电系统供应安装工程；

消防系统供应及安装工程；

弱电系统供应及安装工程。

2）主要机电设备

制冷机组；

电梯；

发电机组；

游泳池设备；

锅炉。

在定标协议书签订后的一周之内，会同其他专业顾问，制定工程合同图纸及文件以供签署。

与建设单位及其他顾问一起协调各个合同实施细节及暂定价项目。

对机电设备及材料选用进口、合资或国产提供建议，每类设备材料提供不少于3个品牌供建设单位考虑后，编制在招标文件内。

（5）精装修二次机电设计服务

按精装修设计，并根据建设单位的要求对精装区域进行机电配合设计，精装修区域包含因精装设计而修改的机房和管井等。

根据精装修设计，提供所有精装区的二次机电系统施工图设计，其中施工图的深度应满足现场施工的需要。

二次机电施工图内容应包含：平面图、服务精装修区域的因精装设计而修改的机房大样图、管井大样图以及必要的管线综合图。设计深度必须达到国家标准的要求。

根据弱电系统的设计要求、完善的精装修平面和纳入BMS（楼宇监控系统）的机电系统的设备（从机电施工图纸中获取）以完成弱电系统图纸。

审核并指导弱电承包单位完成弱电系统深化施工图，包含详细的语音、数据、楼宇自控、安防等点位表。

根据精装设计师及灯光顾问提供的灯光控制回路平面图和灯光控制表完成灯光系统的施工图。

与各个设计单位、顾问公司积极协调和配合，确保二次机电施工图可以与建筑、结构以及其他顾问妥善配合。

定期参加设计协调会。

（6）施工阶段支持服务

在机电工程施工前会同总承包单位向建设单位指定的机电施工单位进行设计交底。

协助对机电施工单位提交的机电施工深化图、施工方案及设备材料等进行审核审批工作，以确保各类送审资料符合工程设计意图和技术规格要求，按需要向机电施工单位提出意见，并要求修改。

提供补充资料给机电施工单位供施工使用。

协助建设单位与其他设计顾问进行协调，对施工图内设计协调上所出现的问题进行处理。

参加工地现场的施工例会及会后的现场巡查（每月1次，每次不超过2日1夜），了解现场施工进度及质量，视察工地机电施工是否得到妥善监督和根据设计及技术规格要求执行。

就设计修改内容，向建设单位提供专业意见。

按要求，对工程变更提供技术方面的意见，变更的估算由其他单位负责。

（7）竣工验收阶段服务

商讨有关验收阶段工期及有关调试验收的安排。协助审核机电施工单位所提交的各系统调试及验收程序。

审核机电施工单位制定的调试方案包括有关设备和系统调试及试运行工作，确保有关施工符合设计及技术规范要求。

6.3 幕墙顾问

幕墙设计顾问范围：幕墙（含擦窗机）工程的方案设计、深化设计及招标图设计、施工图审核、施工现场检查及验收等全过程服务工作，外墙系统、出入口雨篷（含排水系统）、汽车坡道出入口遮阳防雨系统、内中庭幕墙系统、玻璃屋面遮阳系统及相关技术咨询服务等。

6.3.1 方案设计阶段

（1）提出幕墙主要性能要求，提供各种幕墙系统方案，并就各幕墙系统方案做相应的成本、节能、安全等性能分析，包括提供幕墙系统防水及排水、密封、防雷、防火及防烟、隔声、保温、遮阳等性能分析。

（2）与建筑师及建设单位充分沟通，给出部分节点及立面效果图，做出结构计算，进行荷载分析，包括风洞测试和风荷载分析，编制包括地震荷载和特殊风载处理措施在内的设计要求。

（3）提供幕墙系统热工分析及建议报告。

（4）提供幕墙埋件形式及构造建议，对幕墙系统做详细的概算分析，协助建设单位选用幕墙主要材料，提供与幕墙工程相关的各种不同材料的详细资料，包括材料性能、技术指标、产地、价格、供应能力等，协助业主确定幕墙方案。

（5）参加相关会议，协同建筑师制定建筑、幕墙、外装饰与主体结构界面的设计理念，提出有关幕墙方面的专业建议。

（6）协助建筑师及建设单位完善与幕墙设计相关的送审资料。

（7）擦窗机：提供幕墙清洁与维护概念方案，建议擦窗机解决方案。

（8）必须提供的成果文件：幕墙（含擦窗机）方案设计报告，包括技术分析、结构计算、热工分析、造价分析等。

6.3.2 深化设计及招标图设计阶段

（1）根据幕墙系统方案，确定荷载传递，确定埋件形式和构造，进行结构计算、复核热工分析等，配合与幕墙工程相关的钢结构深化设计工作，提出配合要点。对外立面工程与其他专业如机电、结构、灯光、擦窗机械等的预留和配合提供建议及方案。

（2）明确幕墙工程对建筑结构的要求，幕墙安装距离和结构支撑要求等，从系统安全性、稳定性、合理性等方面提出相应的幕墙工程计算报告。

（3）完成幕墙系统深化设计图纸，明确幕墙工程的材质、颜色、尺寸、比例选择等，为幕墙工程招标提供图纸文件，包括平面图、立面分格、系统节点、主要连接和边角收口节点等，并提供幕墙节点效果图，以上所有图纸均达到招标文件深度。

（4）提供主要材料选择、加工及施工安装等问题的专业技术意见，提出主要材料的技术性能及价格比较。编制幕墙工程设计概算及成本优化建议。

（5）对幕墙系统进行热工模拟，从光照、温差、气流、窗户开启方式、遮阳系统、外观效果等方面的使用舒适度作出评估。

（6）编制招标技术文件，包括工程范围、设计要求、投标文件的要求、材料及全部系统构件的要求、加工安装和测试验收技术要求等，提供招标图纸及完整的《幕墙技术要求》。

（7）擦窗机：提交结构计算书供相关设计院进行审核，提供擦窗机招标图纸及招标文件，编制《擦窗机技术要求》。

（8）参加相关会议，提出专业技术建议及设计要领，解决相关专业技术问题。

幕墙工程设计分析报告、幕墙招标图纸、幕墙技术说明书、协助造价顾问编制工程量清单，审核工程量清单和幕墙工程造价。

6.3.3　招投标配合阶段

（1）参与招投标相关工作，包括资审、招标、答疑、技术清标等，并在招投标各个阶段向建设单位提交书面成果文件。

（2）对幕墙工程投标单位进行全面评估，包括投标技术设计方案图、结构计算书、材料选择与加工、材料性能测试方案及施工的质量控制和组织管理等。

（3）参加投标单位的述标会议、听取对所有技术问题的阐述，并向投标单位就相关问题进行质询，对投标单位进行技术评估及筛选。

（4）对投标单位评估和面谈形成书面报告，为合同的签订给予书面建议。

（5）指导幕墙施工单位修改和完善设计方案，并形成书面文件提交给建设单位。

（6）参加相关会议，讨论并解决有关幕墙工程招标事宜。

（7）依据施工现场进度，在幕墙施工单位未确定的前提下提供满足施工要求的幕墙埋件施工图。

（8）擦窗机：协助建设单位评审投标单位的投标文件和资料，提供招投标相关文件。

（9）必须提供的成果文件：招投标（分阶段）过程文件报告。

6.3.4　施工图审核及材料性能测试阶段

（1）施工图审核

审核幕墙系统的施工图和计算书，包括材料选择、结构计算、热工分析、节点大样、埋件预留等技术参数。

审核施工单位提交的施工组织设计、施工进度安排、质量控制方案、性能测试方案等。

审核主要材料包括固定件、型材、玻璃装配、样板制作等下料加工图纸。

审核构件及材料的测试结果，并就送审样品、组件和材料等进行校对、解释和建议。

协助设计院等单位完成施工图纸的审批。

擦窗机：审核施工图纸及计算书，提供技术审查清单。

（2）材料性能测试阶段

审核幕墙材料及产品的技术资料。

审核幕墙性能试验（包括但不限于水密试验、气密试验、风压测试、平面变形测试、型材强度、玻璃节能性能等）施工图、结构计算以及测试方案。

参与幕墙物理性能测试体的安装、预试及测试、验收；确认测试过程，审阅测试报告，并就测试结果提供综合性分析报告。

（3）必须提供的成果文件：施工图（分阶段）审核报告、材料质量检测及审核报告、幕墙性能试验见证报告。

6.3.5 施工现场检查及验收阶段

（1）开工前进行施工现场实勘，召开与幕墙相关的参建单位工地协调会，重点解决各幕墙工程的作业面协调、安装程序和质量控制措施、系统水密气密及安装精度的现场保障与其他各工种分包商的协调。

（2）审核幕墙施工进度计划及施工技术方案，包括规范、图纸、计算书及工艺标准等，提供综合报告。

（3）幕墙工程施工安装期间，对材料及组装工厂不定期检查，并提供综合检查报告。

（4）参与幕墙样板单元的制作安装，就幕墙样板单元的制作安装、测试等提出建议。

（5）不定期巡查施工现场，有重点地检查施工过程中的主要部位和环节，对安装质量进行预控。

（6）对工程洽商及设计变更进行重点评估与审核，结合成本造价提出技术意见。

（7）参与工地例行协调会议，见证和检验现场测试，包括预埋件拉拔测试和现场淋水防漏测试等，协助解决出现的相关问题。

（8）参与幕墙工程的验收，对所有验收内容形成质量验收报告，包括对维护保养的技术建议等，审核幕墙工程竣工图纸。

（9）协助业主收集并整理全部幕墙施工及验收技术资料，配合业主及造价顾问的竣工结算工作。

（10）擦窗机：审核施工组织设计包括安全方案及应急预案，施工计划，材料及零部件测试方案，参与荷载测试及擦窗机工程检查、验收等。审查竣工图纸，提出维修保养建议。

（11）必须提供的成果文件（含擦窗机相关文件）：施工现场（分阶段、不定期）检查报告、幕墙工程现场测试见证报告、幕墙工程验收报告、幕墙工程维护保养建议书、幕墙工程全部资料包括方案、设计、招标、造价、施工、验收等全过程资料。

6.4 智能化设计顾问

智能化专业各阶段的设计服务内容、工作范围和工作分工如下：

（1）设计调研阶段

1）需求调研

配合建设单位根据项目定位进行需求分析及调研，并提交调研报告。

起草项目需求书提交建设单位论证。

2）工作考察（案例、产品等）

安排建设单位参加必要的对设备、同类项目案例进行选择和考察（考察同类型、规模相近项目数量不少于3个）。

3）根据建设单位的意见，完成智能化各系统需求书的编制，并提交各系统需求书。

（2）初步设计阶段

1）初步设计

按建设单位要求递交初步设计方案书。

按建设单位确定的需求书，提供初步设计图纸（包括系统图、主要设备材料表、系统点表、管线敷设布置图、设备布置平面图）。

提供项目概算、推荐专业设备（系统）和材料的参考品牌、工程量清单。

2）初步设计修改

根据初步设计评审意见对设计方案进行必要的修改。

（3）施工图设计阶段：提供本项目完整的建筑智能化系统设计施工图，并按要求报主管部门审查通过。

（4）招标设计阶段

1）投标单位资格预审

配合建设单位提供选择施工单位的资格意见。

2）工作考察

配合建设单位对满足资格预审条件的施工单位进行考察，编写考察报告。

3）工程招标

配合建设单位编写招标文件，递交招标设计文件（包括招标技术方案、招标清单、招标品牌、招标图纸等），并对招标文件进行技术交底。

6.5　建筑装饰装修顾问

（1）建筑装饰行业背景

近几年，室内装饰装修工程中深化设计行业迅速发展。外国企业承担我国境内建设工程设计时，必须选择至少一家持有建设行政主管部门颁发的建设工程设计资质的中方设计企业进行中外合作设计，且在所选择的中方设计企业资质许可的范围内承接设计业务，所以目前国内设计市场的现状是：大型高端的室内设计项目大多由国外设计公司负责方案设计，由国内设计院负责深化设计。随着行业的发展和专业的细分，建设单位的要求越来越高，所需要的专业配合也越来越多。因为项目的设计周期普遍较为紧张，在有限的时间内：①国外公司的方案提交是否充分，是否具备可实施性均需进一步论证；②有很多相关专业无法跟上项目进行的节奏，在室内装饰方案图完成时有很多其他设计成果尚未完成，更没有进行过系统的综合协调，导致室内装饰施工图内容的准确性、完整性均无法保证。因此在相关专业设计基本到位后，就需要在室内装饰方案图的基础上进行室内深化设计，从而使施工图完善准确。

（2）建筑装饰深化设计的概念

建筑装饰深化设计是指在室内方案设计图的基础上，结合建筑、结构、幕墙、机电等专业设计资料，整合相关专业设计顾问资料所进行的施工图设计工作，工作主要包含资料整合、设计协调、施工图设计三部分内容。深化设计综合、协调了室内装饰、建筑、结构、幕墙、设备等影响室内装饰效果的各专业的内容，反映在施工图上，从而更好地指导施工，减少施工过程中的误差和错误，降低不必要返工的发生率，提升施工人员的工作效率及施工进度。

（3）深化设计流程

1）在建设单位提供的方案设计图上复核方案设计的准确性及完整性，核对方案设计图纸是否完整的包括了各装修空间平、立面及对应大样图，是否能完整表达方案。

2）综合建筑、结构、幕墙、机电等设计资料，确保室内设计图纸具备可实施性。结合建筑、结构、幕墙、机电相关图纸，复核顶棚标高。复核建筑、结构、幕墙相关图纸，比对方案设计图，在满足消防疏散和不改变主要结构的前提下，最大化保证施工图平面布置与方案设计平面布置的一致性。结合幕墙、给排水、电气、暖通专业图纸，将包括消防相关在内的机电末端综合到施工图中，主要包括主立管、消火栓、电箱、疏散指示、紧急按钮、灯具、风口百叶、喷淋头、感烟探测器等机电末端，并对其进行定位。

3）整合所有专业顾问、厂家的资料，并核实所有与室内设计相关的产品、设备的信息。

4）现场服务内容包括：①施工图交底；②每周参加现场工程例会，积极配合及时解决现场出现的设计相关问题，以确保施工的顺利进行；③设计师驻场。

土建、室内装饰装修工程的一体化设计可以更好地做到建筑、结构、幕墙、机电、室内装饰装修等专业的配合，在改造项目中，室内装饰装修工程作为主导专业，应协调各专业基于装饰设计效果开展设计，这对方案设计的完成度是最优的保证方式。

6.6　夜景照明顾问

近几年，随着城市建设的发展，夜景照明引起了人们的高度重视。建筑夜景照明的这些重要作用已使它成为城市建筑设施不可缺少的组成部分。因此，我们在做建筑夜景照明方案设计时，应该从以下几个方面考虑：

（1）设计原则

1）重塑夜间形象：建筑夜景照明设计的第一步是构思。即根据建筑的外形结构及外墙材料设想其夜间可能达到的照明效果。因此，我们首先要掌握白天的自然光和夜晚灯光照明的不同条件，在认真分析建筑的特征和形象内涵的基础上，通过光和影的变化为建筑重塑一个与白天明显不同的新形象。

2）突出重点：夜景照明的基本目的是抓住重点、突出建筑灵魂的部分。要在深入研究其周围环境的基础上，借助照明手段，恰当地突出被照主体在环境中的地位，并且和周围环境照明协调一致。对于主体应采用重点布光，加强关键部位和装饰细部的照明。当然，建筑立面亮度的变化应当过渡自然，层次分明，确保夜景照明的整体效果。

3）创造特色：充分体现照明技术和艺术的有机结合，做到照明功能合理，并富有艺术性，也就是既要照得亮，又要照得好、照得美、照得有特色。

4）慎用彩色光：目前夜景照明常用的白炽灯、卤钨灯、高压钠灯色温低，色表偏暖；金属卤化物灯和高压汞灯色温高，色表偏冷，它们的显色性各不相同。根据建筑物的材料颜色选择某种色温合适的光源能加强照明效果，制造特有的情调。也可以在一座建筑物的不同部位选择不同色温的投光灯，用以强调建筑物的层次。

5）照明方式的选择：根据被照建筑物的特征和要求，合理选用最佳的照明方式。夜景照明方式有泛光照明、轮廓灯照明、内透光照明等几种，设计时可以综合使用多种照明方式，以达到最佳的夜景照明效果。

6）节约能源：夜景照明要消耗可观的电能。为了节约电力，除采用光效高的照明光源、灯具和配套的电气设备外，要特别注意采用节能的照明手法。

7）避免光污染：一般泛光照明用的投光灯功率大，亮度高，又布置在建筑物附近，极易对路人造成眩光，对周围建筑物内的居民造成光干扰。因此，我们在进行夜景照明设计时，对设备的选型及设备安装位置的选择都要充分地考虑到这一点，尽量做到灯具安装隐蔽，最好能够只见光，不见灯。

8）便于维修：夜景照明设备要安全可靠，并且要便于维修。

（2）设计程序

夜景照明设计工作可分为两大阶段。

第一阶段是收集资料，调查分析，包括环境分析、形象构思及现场调查。

第二阶段是在此基础上进入具体的设计工作。

1）环境分析。①地理位置：了解设计对象在城市中的具体位置，并且了解周围的建筑、道路、桥梁、绿化情况，特别是该地区的建设规划和发展情况。②建筑周围的光环境：充分了解周围建筑物夜景照明的效果及该地区照度水平的高低及特色。

2）形象构思。分析建筑物的建筑风格和形象特征，了解建筑师对本建筑的设计构思和对夜景照明的一些要求，根据建筑物的结构造型、体量、外幕墙的形式及颜色和材料的反射特性，装饰细部等特点，确定该建筑需要表现和强调的重点部位，即突出重点；确定照明方法和主要使用的照明设备，构思出夜景照明的初步设计方案。

3）现场调查。观察白天建筑物的形象和艺术效果，在现实环境中加深对设计对象的理解，寻找实际可行的布灯地点。

4）特殊部位的照明试验。特别是对重点照明部位的照明效果，或使用新的技术和器材，或是选用的灯具是为了本工程特制的，或是甲方要求时，为了确保照明方案的可行性，需进行必要的现场或模型实验。对一般工程，没有以上情况者，此项实验工作可以免做。

5）确定设计标准。建筑物立面亮度是最直观的夜景照明标准。CIE 推荐在昏暗的、中等的和明亮的夜视环境中，主立面的平均亮度分别为 $4cd/m^2$、$6cd/m^2$、$12cd/m^2$。

6）确定灯位。根据夜景照明方案的要求来选定需要安装灯具的位置，再依据甲方提供的平面图、立面图及外幕墙的节点大样图，来确定此灯位在实际情况中的可实施性，有的时候需要在外幕墙上做一些过渡支架。

7）照明器具的选择。光源的选择要考虑其光效、光通量、色温与显色性以及寿命等因素。对灯具要求效率高，灯具的反射器配光性能适用、合理，灯具的结构小巧紧凑、有可靠的防水防尘性能，且便于安装、调试维修。

6.7 绿色建筑设计顾问

经济问题与能源问题一直在社会发展过程中相辅相成。我国虽然能源丰富，但因人口数量基数大，人均资源相对较少，针对现实国情，在我国提倡发展绿色建筑，已经成为社会发展的必然趋势，也是符合市场发展趋势。

（1）绿色建筑设计目标

绿色建筑定义：在建筑物的有限使用周期内，建筑物能最大限度地实现能源的节约，主要包括节约土地资源、水资源、材料资源、能源资源。通过建筑物资源的节约，实现建筑物对环境的保护与资源的节约。从而为人们提供实用、健康、安全的生活空间，最终建设人类与自然和谐相处的建筑物。

（2）绿色建筑设计原则

首先，建筑设计者要综合以上所有因素进行考虑，设计合理科学的布局，尽可能地实现自然通风和采光，最大限度地节约土地用地。所以因地制宜是其建筑设计者在其绿色建筑设计过程当中首先应当掌握的最为基本原则。

其次，绿色建筑设计要重视对周边环境的优化。因为在一个地域中建筑物的建造不是一个单独存在的个体，它应该考虑与其周围的其他环境相合理配合，形成一个有机的统一整体。在进行绿色建筑物设计的过程中，以求与周边环境实现最佳的环境优化美化效益。

最后，绿色建筑要满足其绿色建筑最根本的功能。简言之，绿色建筑最根本的功能就是指满足建筑使用者的健康安全使用。生活中我们倡导节约生活生产的方式，这种节约的意识固然很重要，但是要在合理的前提下节约，这样的倡导方式才显得尤为重要。

（3）绿色建筑设计优化策略

1）最大程度的利用自然通风和采光

风能和太阳能是自然界中取之不尽用之不竭的自然能量，首先，太阳能的照射一方面可以解决大量用电照明的消耗，另一方面太阳光对屋内进行照射，还可以起到杀菌的目的，装置太阳能设备还可以实现对水的处理。其次，利用自然通风有利于改善屋内的空气质量，给居住人提供舒适的宜居环境。从而也实现了节约能源的效果。

2）选择合适的门窗系统材料

建筑物中的玻璃墙和门窗这些因素，都是建筑物围护结构中的主要耗能物，随着科技的发展，新材料层出不穷，在市面上尽量选取高性能门窗系统和防辐射性能较好的玻璃幕墙，这些装置都是实现建筑物与外部环境的过滤装置。因此，他们的选择在考虑基本的防护功能外还需考虑到对室内环境的有效调节作用，需要谨慎选择。

3）充分重视建筑物围护结构

围护结构也是建筑物绿色建筑设计过程当中应当考虑的一个重点内容，建筑设计可以采用多种手段例如：外保温的技术手段，内部保温的技术手段，夹心保温的技术手段，通过实际情况对建筑物采用合理维护结构。

第7章　信息化技术在全过程设计中的应用

7.1　倾斜摄影技术在设计前期应用

7.1.1　倾斜摄影技术简介

倾斜摄影技术是国际摄影测量领域近十几年发展起来的一项高新技术,该技术通过从一个垂直、四个倾斜共五个不同的视角同步采集影像,获取到丰富的建筑物顶面及侧视的高分辨率纹理。它不仅能够真实地反映地物情况,高精度地获取物体纹理信息,还可通过先进的定位、融合、建模等技术,生成真实的三维城市模型。该技术在欧美等发达国家已经广泛应用于应急指挥、国土安全、城市管理、房产税收等行业。在我国,倾斜摄影技术也已经在三维数字城市、空间量测、城市变化监测、不动产登记、数字农场、文物保护、反恐维稳等方面展开应用。

倾斜摄影技术主要有四个特点:

(1) 更加真实反映地物周边情况。相对于正射影像,倾斜影像能让用户从多个角度观察地物,更加真实的反映地物的实际情况,极大地弥补了基于正射影像应用的不足。

(2) 实现单张影像量测。通过配套软件的应用,可直接基于成果影像进行包括高度、长度、面积、角度、坡度等的量测,扩展了倾斜摄影技术在行业中的应用。

(3) 采集建筑物侧面纹理。针对各种三维数字城市应用,利用航空摄影大规模成图的特点,加上从倾斜影像批量提取及贴纹理的方式,能够有效的降低城市三维建模成本。

(4) 数据量小,快速实现共享应用。相较于 Geographic Information System(简称 GIS)技术庞大的三维数据,应用倾斜摄影技术获取影像的数据量要小得多,其影像的数据格式也可采用成熟的技术快速进行网络发布,实现共享应用。

7.1.2　倾斜摄影建模技术优势

传统三维建模通常使用 3dsMax、AutoCAD 等建模软件,基于影像数据、CAD 平面图或者拍摄图片估算建筑物轮廓与高度等信息进行人工建模。这种方式制作出的模型数据精度较低,纹理与实际效果偏差较大,并且生产过程需要大量的人工参与;同时数据制作周期较长,造成数据的时效性较低,因而无法真正满足用户需要。

倾斜摄影技术体现了以下优势:

(1) 借助于倾斜摄影技术,大大降低了场地复杂程度对数据采集难度,同时还提高了采集数据的精度。倾斜摄影测量技术以大范围、高精度、高清晰的方式全面感知复杂场景,通过高效的数据采集设备及专业的数据处理流程生成的数据成果直观反映地物的外观、位置、高度等属性,为真实效果和测绘级精度提供保证。

(2) 节约人力,效率高,成本低。采用人工建模方式一两年才能完成的一个中小城市建模工作，通过倾斜摄影建模方式只需要 3～5 个月时间即可完成，降低了测量、数据处理人员的成本，同时也缩短了工期，大大降低了三维模型数据采集的经济代价和时间代价。

（3）测量结果转化快，快速响应突发情况。设计单位工程师提出了多种思路和要求，测量技术人员可以即时通过模型及数据处理软件，既直观又准确地将工程师的思路转化为新的方案。

目前，国内外已广泛开展倾斜摄影测量技术的应用，倾斜摄影建模数据也逐渐成为城市空间数据框架的重要内容。

7.1.3 倾斜摄影工作流程

倾斜摄影技术应用的工作流程，主要分为外业信息数据采集和内业数据模型处理生成模型两步。具体可见图 7-1。

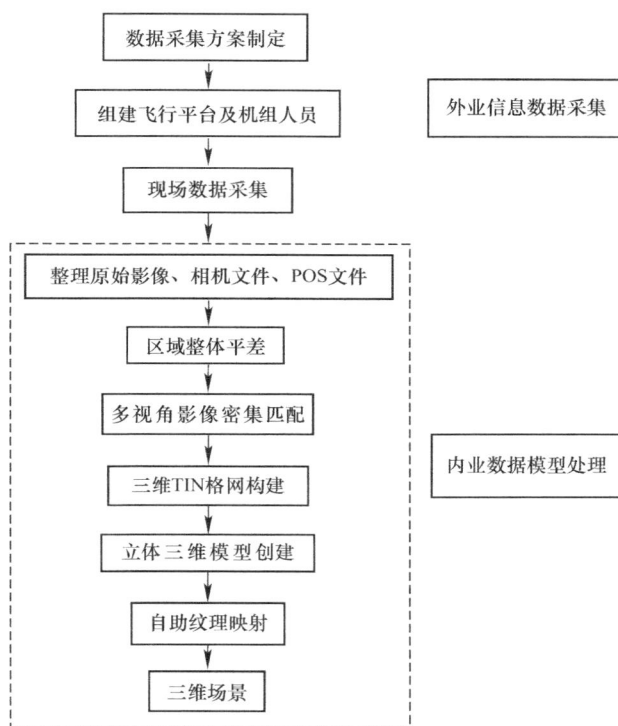

图 7-1 倾斜摄影数据采集、建模流程图

7.2 BIM 与 GIS 信息化协同设计

7.2.1 BIM 软件阐述

BIM 指建筑信息模型，是在建设项目的各种相关信息数据的基础上建立模型，通过数

字信息仿真模拟，表达建筑物的真实信息。BIM 技术适用于建筑工程全寿命周期，对于提取建筑内材料的信息十分方便。在建筑管理中应用 BIM 技术可以显著提高效率、大量减少风险。

BIM（Building Information Modeling）能够将建筑的设计阶段、施工阶段及使用阶段的不同信息、资源等集中在一个模型中，以便供各个工程阶段有关人员的查看及使用。此技术通过网络建模，将建筑设计以三维立体模型的方式呈现在人们面前，能够加强建筑设计与建筑施工之间的协调性。在实际施工过程中，建筑工人可以按照此模型来进行施工，进而降低建筑工程的生产成本，提高建筑工程的施工效率，使建筑工程能够在规定的时间内保质保量地完成。

BIM 不是一个软件的事，准确一点应该说 BIM 不是一类软件的事，而且每一类软件的选择也不只是一个产品，这样一来要充分发挥 BIM 价值为项目创造效益涉及常用的 BIM 软件数量就有十几个到几十个之多，详见图 7-2。

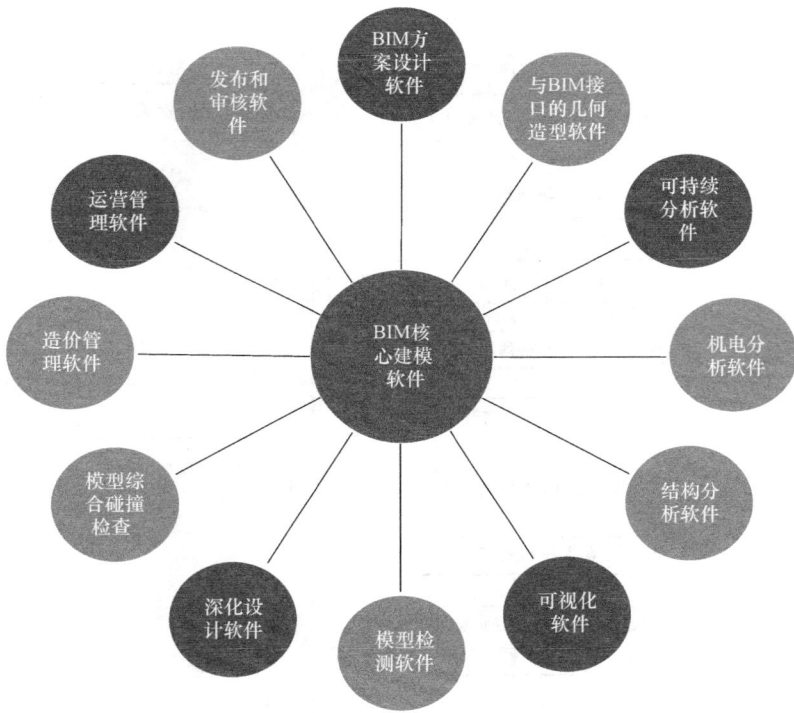

图 7-2　BIM 核心建模软件分类

7.2.2　多种 BIM 软件在建筑设计中的综合应用

目前主流软件系列产品详见图 7-3。

（1）Autodesk 公司的 Revit 建筑、结构和机电系列，在民用建筑市场借助 AutoCAD 的天然优势，有相当不错的市场表现。

（2）Bentley 建筑、结构和设备系列，Bentley 产品在工厂设计（石油、化工、电力、医药等）和基础设施（道路、桥梁、市政、水利等）领域有无可争辩的优势。

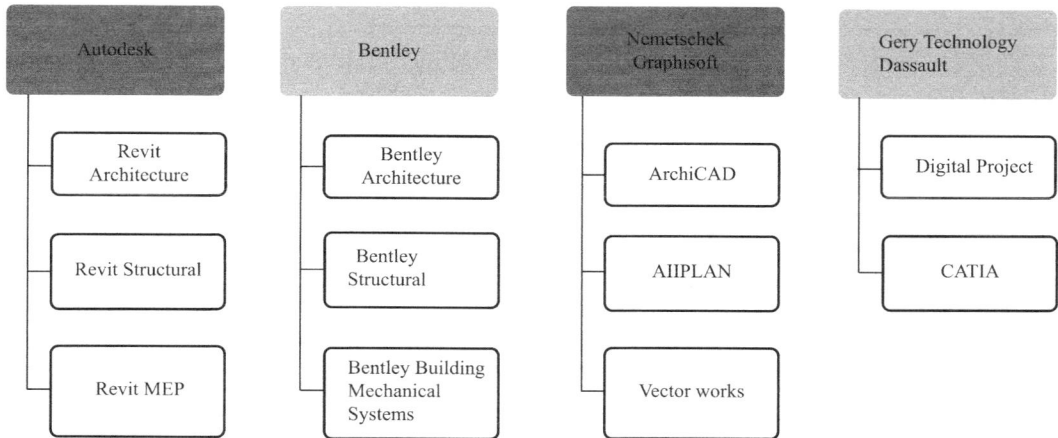

图 7-3 主流软件系列产品

（3）2007 年 Nemetschek 收购 Graphisoft 以后，ArchiCAD/AllPLAN/VectorWorks 三个产品就被归到同一个系列里面了，其中国内同行最熟悉的是 ArchiCAD，属于一个面向全球市场的产品，应该可以说是最早的一个具有市场影响力的 BIM 核心建模软件，但是在中国由于其专业配套的功能（仅限于建筑专业）与多专业一体的设计院体制不匹配，很难实现业务突破。Nemetschek 的另外两个产品，AllPLAN 主要市场在德语区，Vector-Works 则是其在美国市场使用的产品名称。

（4）Dassault 公司的 CATIA 是全球最高端的机械设计制造软件，在航空、航天、汽车等领域具有接近垄断的市场地位，应用到工程建设行业无论是对复杂形体还是超大规模建筑其建模能力、表现能力和信息管理能力都比传统的建筑类软件有明显优势，而与工程建设行业的项目特点和人员特点的对接问题则是其不足之处。Digital Project 是 Gery Technology 公司在 CATIA 基础上开发的一个面向工程建设行业的应用软件（二次开发软件），其本质还是 CATIA。对于一个项目或企业 BIM 核心建模软件技术路线的确定，可以考虑如下基本原则：

1）民用建筑用 Autodesk Revit；

2）工厂设计和基础设施用 Bentley；

3）单专业建筑事务所选择 ArchiCAD、Revit、Bentley；

4）异形建筑、预算比较充裕的可以选择 Digital Project 或 CATIA。

BIM 软件的应用，有效地改善了传统建筑设计中的不足，提升了建筑设计的质量及效率，并且利用 BIM 软件能够设计出更多富有创意性的建筑。但是任何事物的发展都是有双面性的，BIM 软件会对建筑设计的想法及创造理念产生影响，会让设计师对 BIM 软件产生依赖。

7.2.3 GIS 软件概述

GIS 指地理信息系统，是基于计算机的空间信息系统，对空间信息进行分析和处理，GIS 以及在此基础上发展起来的"数字地球"在人们的生产和生活中发挥越来越重要的作用。传统的 GIS 领域着重于宏观环境与地理空间信息及其相关应用，并没有建筑室内信息，因此 GIS 大多停留在浏览外部信息层面。

　　近年来，随着研究的不断深入，GIS 为建筑行业的发展提供了良好的技术支撑。由于 GIS 系统基于空间数据库，能够很有效率地显示大场景，但在显示细节方面一直存在明显的不足。而 BIM 具有显示精细、信息丰富的特点，为 GIS 技术更加深入的应用提供了有益的补充。GIS 与 BIM 的集成，可以拓展延伸 GIS 的应用，同时也可以提升 BIM 应用价值，将在国土安全、室内导航、三维城市建模、市政模拟、资产管理等多方面发挥重要作用。

7.2.4　GIS 与 BIM 的数据集成

　　BIM 与 GIS 集成最主要要解决的是如何进行两个领域的数据共享。IFC（Industry Foundation Classes）是 BIM 领域通用的数据模型标准，而 GIS 领域采用的数据模型标准是 CityGML（City Geography Markup Language）。CityGML 主要是用来表现城市三维对象的通用信息，它定义了道路、建筑、水域、植被、绿地等的描述，但它对建筑物的细节描述非常有限。两类数据模型的几何、语义信息共享成为 BIM 和 GIS 集成的基础。自 2009 年以来，GeoBIM 作为 CityGML 新的扩展标准开始实行，通过 GeoBIM，IFC 的数据就可以进入 CityGML 中，实现数据共享，促进 BIM 与 GIS 的集成融合。

7.2.5　BIM＋GIS 集成的应用

　　（1）建筑设计

　　建筑设计是一个庞大复杂，涉及建设单位、设计单位、施工单位等多个参与方进行沟通交流以及协同的作业。过去，建筑设计只能以传统二维和分专业设计模式进行，BIM＋GIS 集成后可以使用自己的三维可视化平台，分阶段引入 BIM 数据，能够有效改善建筑设计现状。例如，根据铁路设计的中线原始数据，在基于原始铁路设计中线数据的基础上，将其导入 Smart Earth 三维可视化平台，能够自动生成铁路路基、桥梁、隧道、接触网、护坡等横断面模型，进行土方量分析、量测、纵断面信息采集等。

　　（2）三维测量

　　三维测量是指对待测量物进行全方位量测，以确定待测物的空间数据。在建筑工程中主要是为了进行空间、住宅间距和其他相关距离设计，地块、建筑等面积的设计以及填挖方计算等而进行三维量测，提供合理的依据。但是当建筑物密集、超高建筑很多时会加大量测的难度。而采用 BIM＋GIS 集成技术可以很好地解决这个问题。单击要测量线段的两个端点即可得到实际处理结果，在进行高度、角度、面积量测时，也可以采用这种技术来得到较为准确的数据。

　　（3）室内导航

　　过去，常常采用建筑的二维电子图来生成室内定位的地图，有些甚至只是示意图，用起来并不是非常直观方便。结合 BIM 来建立建筑内部模型，配合定位技术，可以进行三维导航，可为人员快速进行跨楼层活动进行导航，同时可模拟突发紧急情况，预演疏散路线，大大减少所造成的灾害伤亡程度。

7.3　设计协同管理平台的应用

　　我国应用设计协同管理平台的时间不长，经验不足，早期大多只是单个应用系统，信息孤岛的问题、不能集成的情况非常普遍。软件、系统与业务流程的融合是 IT 发展的必然趋势，这三大技术及其依赖软件的成熟度，是设计协同管理软件的发展基础。

7.3.1 设计行业应用信息化现状

在我国 BIM 理念正逐步为建筑设计行业所熟悉并逐步得到应用。在设计行业，主要用于解决建筑、结构、水暖电等专业内外设计过程的协作、交流、碰撞检测等问题。但国内设计行业由于受已有的工作习惯模式、专业分工和标准规范的制约，以及支持 BIM 要求的工具软件等的限制，国内设计行业能真正开展 BIM 设计模式转变的设计企业凤毛麟角，就是能完成 BIM 工作的设计企业也有诸多的"痛苦"，表现如下：

（1）国外目前支持 BIM 的工具软件很多，很多国外软件厂家与中国设计师的设计习惯不一致，不支持中国的标准和规范，特别是依据中国标准或规范的专业计算和验算。

（2）国内目前的专业软件虽然符合中国设计师的习惯，也支持中国的标准和规范；但在支持 BIM 上力不从心，一是，图纸交流问题（需要插件）；二是，三维模型处理能力弱。

（3）利用施工图进行"翻图"，BIM 工作量是传统设计工作量的 1.5～2.0 倍。BIM 设计成果与传统施工图工作严重脱节，造成实现了 BIM，施工图设计需要重来一遍，重复工作量大。

（4）在 BIM 实施应用的过程中，经常碰到这样的问题，企业购买了 BIM 软件，也派人学了软件使用和实例操作，回来以后就是不知道如何让 BIM 为团队或企业产生效益，这是因为很多情况下没有认识到传统 CAD 与 BIM 的区别造成的。CAD 与 BIM 的区别详见图 7-4。

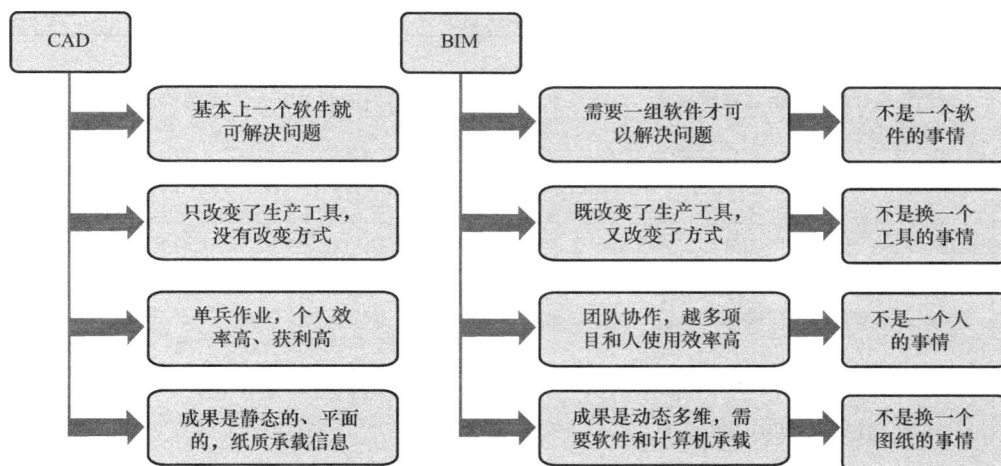

图 7-4　CAD 与 BIM 的区别

7.3.2 设计行业三维协同平台现状

目前，国内设计行业的信息化建设经过近十年的发展已从单一的计算机绘图、单一专业的工作方式，转变为网络化多专业协同工作方式。过去 10 多年来带给设计行业的经验

99

就是，协同平台的应用需要统一的绘图标准，协同设计平台需要考虑协同管理平台的需要，也就是作为协同管理平台数据源头的协同设计平台，上下数据也需要互通统一。建筑、结构、水暖电等专业间通过图层、文件间的交流达到专业协同的实现，可定义为二维协同或第一代协同平台解决方案，被行业所接受。未来设计行业的"十四五"信息化建设，政府管理部门根据行业发展的要求，要求三维可协同设计平台和协同管理平台的建设思想，是未来的发展方向。但就现在而言，国内设计行业虽然通过三次大的设计变革（设计行业三个设计变革详见图 7-5），实现了从手工绘图—计算机绘图—计算机＋专业软件绘图的转变，但只是局部或少数企业实现了全专业的协同设计，也没有真正体现协同设计给企业带来的价值，大多停留在概念阶段或初级阶段。主要问题表现在：

手工绘图(趴图板)　　　　计算机绘图(甩图板)　　　　计算机+专业软件绘图

图 7-5　设计行业三大设计变革

（1）目前流行的协同平台方案过多关注管理，忽略了协同设计过程和数据的重要性。造成了领导管理决策需要的关键点脱离了项目设计过程数据的支持。

（2）协同平台与当前使用的专业工具软件不能无缝结合，增加了设计师的工作量。

（3）无法解决信息化带来的安全问题，主要是设计成果的安全问题解决不完善。

（4）实施工作量大，对设计习惯改变太多。

实现 BIM 技术关键点的意义　　　　　　　　　　　　表 7-1

序号	技术关键点	行业突破意义
1	读取结构设计成果，生成三维模型，与建筑水暖电协同碰撞	解决目前国内同类方案没有结构模型的假协同碰撞难题
2	建筑设备的三维水管，实现二维三维一体化设计	实现同类产品只有二维，没有三维的痛点
3	简单易用的"造设备"工具，实现建筑设备能进行真碰撞	采用模型驱动数据技术，解决同类产品数据驱动模型不合国情的问题
4	建筑结构水暖电施工图成果导入 Navisworks 形成三维模型	实现施工图成果与 BIM 模型一体化，同时与专业碰撞平台对接，解决重复工作量问题
5	Navisworks 碰撞成果与施工图 dwg 设计成果对应，最终在施工图环境解决碰撞检查	全专业间的碰撞检查在专业碰撞平台完成并实现与施工图互动，解决同类产品只在 CAD 环境无法完成的碰撞检查
6	自定义实体绘制的 dwg 文件，在没有插件的 CAD 直接打开	彻底解决了行业内 10 多年来自定义实体交流的痛苦

7.3.3　国外设计协同管理平台的对比

（1）Bentley ProjectWise

Bentley 的建筑解决方案为全球的商业与公共建筑物的设计、建造与营运提供强大动力。Bentley 是全球领先的多行业集成的全信息模型（BIM）解决方案厂商，产品主要面向全球领先的建筑设计与建造企业。Bentley 建筑产品使得项目参与者和业主运营商能够跨越不同行业与机构，一体化地开展工作。对所有专业人员来说，跨行业的专业应用软件可以同时工作并实现信息同步。Bentley 的工程文件管理系统功能较完善，文件跟踪和恢复系统功能较好，但是部分功能不符合中国企业使用习惯，核心功能模块对二次开发有较高要求。

优势：

1）文件管理系统功能完善，并且具有良好的文件跟踪和恢复系统功能。

2）系统架构具有一定的先进性，具体功能模块化，方便未来的功能扩展。

3）外接国外成熟的过程管理工具，为流程管理提供了较完善的功能。

4）功能完善的二次开发接口。

劣势：

1）昂贵的价格，不同的功能模块都需要较高的价格。

2）整个系统的功能庞大，整体部署需要对员工进行集中的培训。

3）二次开发对人员要求较高。

（2）Autodesk Buzzsaw

Autodesk Buzzsaw 是一种在线项目协作服务系统，可以集中管理项目信息，从而缩短周期时间，减少错误，提高团队责任感和控制能力。Buzzsaw 的一个重要优势在于能对 AutoCAD、Revit 等设计软件提供更紧密的支持，架构和部署体系具有一定的先进性，对于国内客户的未来功能拓展有一定帮助。Buzzsaw 已将功能进行大规模扩充，将使得 Buzzsaw 成为一个集设计、施工、进度、成本、物业管理为一体的贯穿建筑全生命周期的大型协同平台。但是，目前 Buzzsaw 在易用性和友好性上略有欠缺，对其在设计人员中推广带来了一定的问题。

优势：

1）相较于其他产品，能够对 AutoCAD、Revit 等设计软件提供最紧密的支持，对于用户未来的功能扩展提供了一定的支持和帮助。

2）提供二次开发接口，支持用户在该平台上的自主开发，完成定制内容。

劣势：

1）目前 Buzzsaw 在易用性和友好性上略有欠缺，在设计人员中推广还存在一定的问题。

2）对于流程的管理功能并不完善，只提供了较为简单的流程管理和控制功能。

3）Buzzsaw 当前使用 ASP（Application Service Provider）的运营模式。需要客户租用服务器，对客户的网络等条件要求较高。

（3）CATIA 三维协同设计平台

CATIA 具有一个独特的装配草图生成工具，支持欠约束的装配草图绘制，可以进行快速的概念设计。支持参数化造型和布尔操作等造型手段，支持绘图与数控加工的双向数据关联。CATIA 的外形设计和风格设计为零件设计提供集成工具，而且该软件具有很强的曲面造型功能，集成开发环境也别具一格，同样，CATIA 也可进行有限元分析，一般的三维造型软件都是在三维空间内观察零件，但是 CATIA 能够进行四维空间的观察，也就是说该软件能够模拟观察者的视野进入到零件内部去观察零件，并且它还能够模拟真人进行装配。

CATIA 基于同一三维工程信息载体，运用 TOP-DOWN 的关联设计方法实现多专业并行协同设计，并能通过强大的知识工程模块运用超级拷贝（Powercopy）、用户自定义特征（User Feature）、文档模板（Document Template）固化产品设计流程，集成产品开发经验和方法，有效地提高产品开发效率和质量，预估产品设计风险，从而缩短新产品开发周期，降低开发成本。

（4）理正设计协同管理平台

理正设计协同平台着眼于实现设计过程中信息、资源的共享与整合，解决设计过程中不同专业内部、不同专业之间以及不同层面上的分工合作与交流，从而帮助设计企业全面提高设计质量、提供管理效率和管理水平。

优势：

1）在建筑设计中有过实施经验。

2）较为完善的版本控制功能。

3）协同工作区可嵌入 AutoCAD 运行，可与专业 CAD 软件组合使用。

劣势：

1）暂时没有大型软件设计企业的应用案例。

2）没有二次开发的支持，不能提供较好的功能扩展支持。

7.3.4　全过程工程咨询软件平台 CDMA 介绍

由中新创达咨询有限公司和河南工业大学联合开发的全过程工程咨询信息平台，主要目的是要解决在全过程工程咨询服务管理中各个阶段的信息化问题，为全过程工程咨询管理中的各个参与方提供完善的信息化服务。全过程工程咨询信息平台采用 SSM 框架技术

图 7-6　全过程工程咨询信息平台

和 MVC 架构，用现代信息化的工具与全过程工程管理结合，打造一个新型、创新和现代的全过程工程咨询管理信息平台，为全过程工程咨询管理提供有力支撑。全过程工程咨询信息平台如图 7-6 所示。

全过程工程咨询管理信息平台包括：

（1）管理员后台管理模块：用户管理、权限设置、菜单管理、项目台账管理、数据字典以及公司部门台账、员工管理等。

（2）知识库系统模块：提供全过程工程咨询管理各个阶段的知识、政府政策以及各种操作流程以及指南等。

（3）全过程工程咨询管理概览模块：为公司高管和业主提供在全过程工程管理中的项目进展信息、概算信息、进度信息、质量监督信息和预算清单等概况信息。

（4）政府监管接口模块（近 30～40 个服务清单）：该模块为政府监管提供接口。把全过程工程咨询管理中和政府审批备案的近 40 个服务清单与政府各个职能部门对接，方便政府对全过程工程咨询管理各个阶段进行监管。

（5）具体业务模块，包括近 200 个服务清单，按 6 个阶段分类，主要包括：决策模

块、勘察设计模块、招投标和采购模块、施工监理模块、工程验收模块、运维模块。对于每个服务清单都实现了基本的业务流程管理，具体业务流包含：保存—提交—审核—全过程数据库。对于政府监管的服务清单实现的业务流为：保存—提交—审核—政府审批—全过程数据库。同时对各种数据表实现了数据导入和导出功能，方便与其他系统接口。对复杂表格采用明细表实现方式，完整反映了实际业务情况，对于数据表格同时生成图形模板。

软件的优势：

（1）各阶段任务分工清晰，清单化管理，便于操作使用。

（2）加入知识库，为用户提供庞大的信息支撑。

（3）留有政府监管端口，便于项目与主管部门的对接。

（4）针对项目各参建单位独立端口，统一平台，方便信息传递。

（5）便于项目成果和管理痕迹的保存。

附录1 设计管理流程

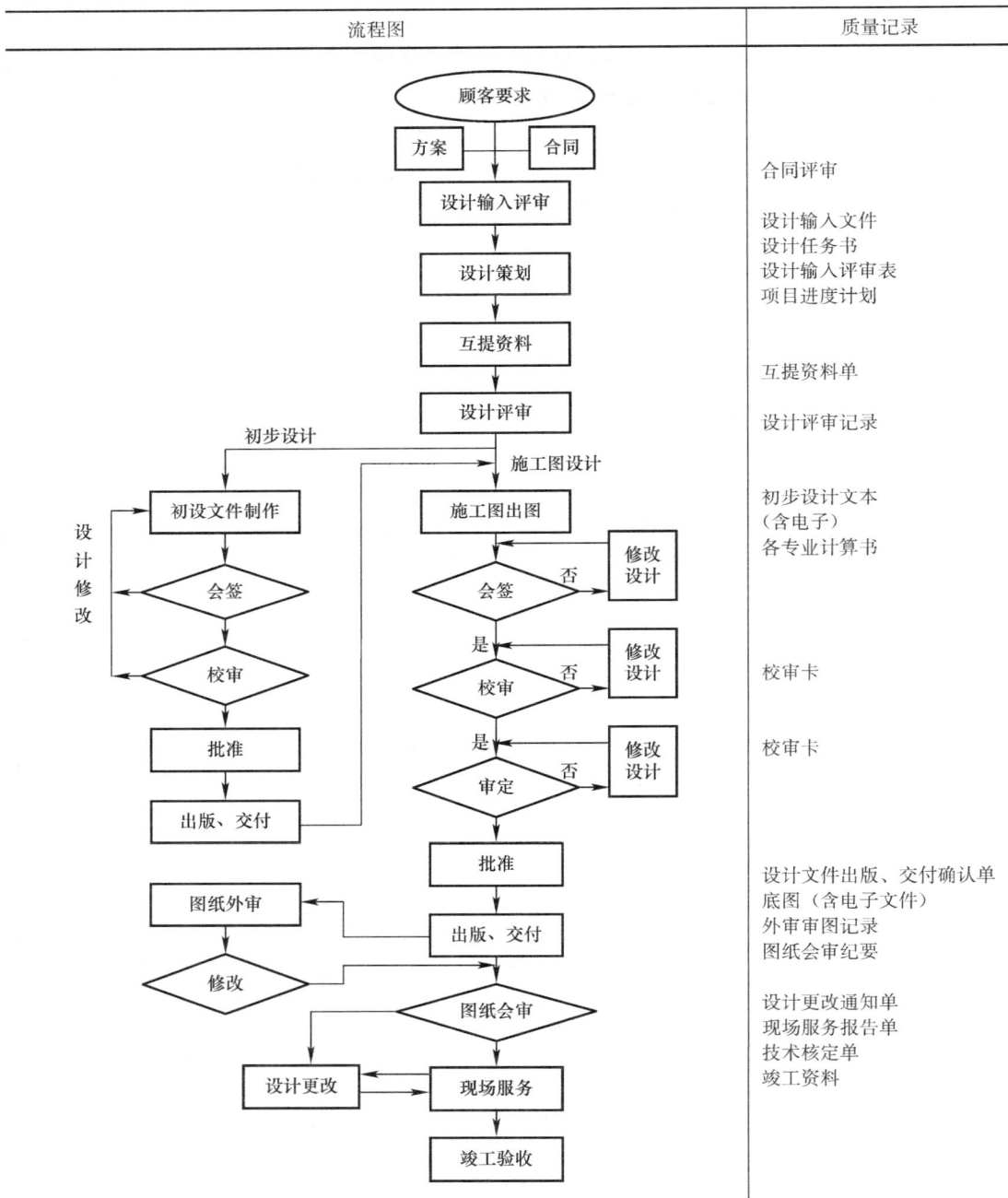

流程图	质量记录

流程图部分：

顾客要求

方案 — 合同

设计输入评审

设计策划

互提资料

设计评审

初步设计 ／ 施工图设计

初设文件制作 ｜ 施工图出图

会签 ｜ 会签 → 否 → 修改设计

校审 ｜ 是 ｜ 校审 → 否 → 修改设计

批准 ｜ 是 ｜ 审定 → 否 → 修改设计

出版、交付 ｜ 批准

设计修改

图纸外审 ｜ 出版、交付

修改 ｜ 图纸会审

设计更改 ← 现场服务

竣工验收

质量记录部分：

合同评审

设计输入文件
设计任务书
设计输入评审表
项目进度计划

互提资料单

设计评审记录

初步设计文本
（含电子）
各专业计算书

校审卡

校审卡

设计文件出版、交付确认单
底图（含电子文件）
外审审图记录
图纸会审纪要

设计更改通知单
现场服务报告单
技术核定单
竣工资料

附录 2　设计计划表

编号：

编写人	项目负责人	审核人	
批准人	所负责人	批准日期	年　月　日

工程概况与设计任务

工程名称	
建设单位	
工程地点	
总建筑面积	
主要建筑功能及设计要求	
总图设计	

建筑单体概况	单体名称	建筑面积（m²）	主要使用功能	层数（地上/地下）	高度（m）	结构形式

我院工作内容	□方案；□初设；□施工图； □总图外线；□园林环境； □城镇规划；□小区规划； □其他：＿＿＿＿＿＿＿	其他设计单位及分工	□无；□有，单位名称及分工：

我院成果报审	规划	人防	消防	园林	交通	施工图审查		

项目质量目标

采用新技术、新工艺、新产品、新材料	□无计划　　　□有计划，根据设计输入评审结果决定是否采用
设计深度	□符合国家规定　□顾客或我院的其他要求：＿＿＿＿＿＿
工期	□满足顾客要求　□超越顾客期望，提前＿＿天完成　□其他
顾客满意	不发生顾客严重抱怨，顾客满意评分不低于＿＿分（满分5分）
设计质量评定	□优　　　□良　　　□合格
创优计划	□部优　□市优　□院优　□确保合格，暂不考虑创优计划

项目组技术岗位人员配置					续表
岗位	人员	职称		注册	本人签字
设计主持人					
项目负责人					
建筑	专业负责人				
	审定人				
	审核人				
	校对人				
	设计人				
结构	专业负责人				
	审定人				
	审核人				
	校对人				
	设计人				
给排水	专业负责人				
	审定人				
	审核人				
	校对人				
	设计人				
暖通	专业负责人				
	审定人				
	审核人				
	校对人				
	设计人				
电气	专业负责人				
	审定人				
	审核人				
	校对人				
	设计人				

设计阶段与进度计划　　　　　　　　　　　　　　　　续表

设计阶段		工作起止时间	主要完成部门
设计输入评审			项负、专业负责人
方案阶段	方案设计		建筑专业为主
	方案评审		评审组
	出图、验证		建筑专业
	方案确认		
初步设计阶段	建筑条件、主专业条件		建筑专业，主专业
	各专业互提条件		各专业
	条件反馈、协调		各专业
	初步设计		各专业
	初步设计评审		评审组
	出图、校审、会签		各专业
	初步设计确认		
	初设图纸预归档		项负、所档案员
施工图阶段	主专业提条件		主专业
	各专业互提条件		各专业
	条件反馈、协调		各专业
	施工图设计		各专业
	施工图设计评审		评审组
	出图、校审、会签		各专业
	产品交付		所办公室
	计算书、施工图预归档		项负、所档案员
设计确认，施工交底			各专业
配合施工，竣工验收			各专业
顾客意见收集			各专业
所有资料归档			项负、所档案员

进度计划确认

建筑专业负责		暖通专业负责	
结构专业负责		电气专业负责	
给排水专业负责		年　　月　　日	

附录 2　设计计划表

项目环境管理要求	续表

□符合院综合管理体系规定；
□其他：

项目职业健康安全管理要求

危险源辨识、风险评价：
□院综合管理体系文件×××；
□其他：

控制措施：
□符合院综合管理体系规定；
□其他：

设计计划修订 * ——根据项目情况决定是否修订计划，必要时应征得顾客同意

修订内容：

编写人：　　审核人：　　批准人：　　　　　　　年　月　日

附录3 设计输入评审记录

编号:

工程名称		评审日期		年 月 日

评审负责人(设计主持人/项目负责人):

评审参加人:

评审内容:

1. 项目批准文件或依据性文件

规划意见书 □已提供 □待提供 □我院提供申报材料

审定设计方案通知书 □已提供 □待提供 □我院提供申报材料

地形图及用地红线资料 □已提供 □待提供

工程地质勘察报告 □已提供 □待提供 □本阶段可不提供

市政接口条件 □已提供 □待提供 □本阶段可不提供

主要设备资料 □已提供 □待提供 □本阶段可不提供

其他文件 □暂无 □有以下文件(列出名称):

2. 建设单位的设计要求

功能要求: □设计任务书 □认可的平面图 □口头要求

经济性要求: □高档 □中档 □经济适用

其他具体要求:

3. 需遵循的设计规范与技术标准
　　□本院《现行法律法规和标准、规程、规范目录汇编》中所列规范可覆盖
　　□本院《现行法律法规和标准、规程、规范目录汇编》中所列规范基本可
　　　覆盖，尚需执行以下规程、规范：

4. 特殊专业技术要求及新工艺/技术/材料/设备的利用
　　□无
　　□有，采用专业及具体内容如下：

5. 可参考的类似设计的信息

评审结论：
　　设计依据：　　□充分　□可满足现阶段要求　□待提供后方可进行设计
　　顾客要求：　　□明确　□基本明确　　□待进一步明确后方可进行设计
　　标准规范：　　□充分、适宜　　□待补充
　　其他评审意见：

评审负责人：　　　专业所领导：　　　　　　　　　　　　　　　年　　月　　日

附录 4 设计评审记录表

编号:

工程名称:		
设计阶段:□方案 □初步/扩初设计 □施工图设计		工程等级:
评审主持人/评审人:		评审日期:

评审部门及人员:

评审内容与范围:

设计满足要求的能力:(包括规范规定、管理部门规定、顾客要求、使用要求等)

存在的问题及处理意见:

评审主持人/评审人: 年   月   日

改进情况:

设计人: 年   月   日

验证情况:

验证人: 年   月   日

附录5 专业校、审记录表

编号：

工程名称：		设计号：	
项目名称：		设计阶段：□方案 □初步/扩初设计　□施工图设计	
出图专业：　　校审专业：			第　页 共　页

序号	校对、审核、审定意见	设计人意见	备注

审定人：　　　　审核人：　　　　校对人：　　　　设计人：
日　期：　　　　日　期：　　　　日　期：　　　　日　期：

附录6 专业接口条件记录表

编号：

工程名称：	设计阶段：□方案 □初步/扩初设计 □施工图设计
提条件专业：	接受条件专业：

条件内容：

提出专业负责人： 　　　　　　　　　　　　　　　　　年　月　日

接受专业接收人： 　　　　　　　　　　　　　　　　　年　月　日

反馈意见：

接受专业负责人： 　　　　　　　　　　　　　　　　　年　月　日

协商结果：

提出专业负责人：　　　接受专业负责人：　　　　　　　年　月　日

设计主持人/项目负责人：　　　　　　　　　　　　　　年　月　日

附录 7 工程洽商通知单

编号：

工程名称		所属工程图号	

建设单位：_____ 监理单位：_____ 施工单位：_____ 设计单位：_____

年　月　日

附录 8 设计变更通知单

编号：

工程名称		所属工程图号	

审核：_____ 校对：_____ 设计：_____

年 月 日

附录9 设计更改记录清单

编号：

工程名称：					
更改通知编号	更改图纸号及更改内容	设计人	相关专业核对人	批准人	发出日期

附录 10 采购/分包申请单

编号：

工程名称：	
采购/分包内容：	预算金额：

采购/分包申请理由：

采购/分包产品或服务的技术要求、验收标准：

申请人：　　　　　　　　　　　　　　　　　　　　　　年　月　日

拟选供方单位名称：	供方能力评价记录编号：
批准意见： □同意；　　□不同意	批准意见： □同意；　　□不同意
项目负责人：　　　　日期：	主管所长：　　　　日期：

采购/分包协议概况：
　　□书面合同　编号为_____
　　□口头协议　要点为：（达成协议时间、供货时间、费用、技术要求、验收方法等）

验收结果：

验收人：　　　　　　　　　　　　　　　　　　　　　　年　月　日

附录 11 设计文件交付记录

编号：

工程名称	
设计阶段	□方案　　　　　　□初步设计　　　　　☑施工图设计

设计文件内容	□方案册 □渲染图，每套____张 □模型，____个 □蓝图，每套____张，图号为： 　　总图：　　　　　　　给排水： 　　建筑：　　　　　　　暖通： 　　结构：　　　　　　　电气： 　　电子文件： 　　其他： □其他文件，内容为：
设计文件交付记录	今提供以上设计文件，共_____套。 接收单位：　　　　　　　　　设计单位： 经手人：　　　　　　　　　　经手人： 　　　年　月　日　　　　　　　　　　　　　　　　　年　月　日

附录 12 设计联系单

编号：

工程名称：

设计单位：
单位地址：
邮政编码：
传真：

联系人	工作部门及负责范围	联系电话
	项目负责人 全面负责本工程项目，与各方沟通联络	电话： 电子邮箱： 传真：
	建筑专业 负责本工程建筑专业相关技术问题的处理	电话： 电子邮箱： 传真：
	结构专业 负责本工程结构专业相关技术问题的处理	电话： 电子邮箱： 传真：
	给排水专业 负责本工程给排水专业相关技术问题的处理	电话： 电子邮箱： 传真：
	暖通专业 负责本工程暖通专业相关技术问题的处理	电话： 电子邮箱： 传真：
	电气专业 负责本工程电气专业相关技术问题的处理	电话： 电子邮箱： 传真：

附录 13 设计确认记录表

编号：

工程名称		确认阶段	□方案□初步/扩初设计 □施工图设计

确认内容：

1. 方案确认阶段已取得项目批准文件或依据性文件

设计单位审定/审核人确认		□已确认	□待确认
建设单位确认函	□已提供	□待提供	□我院提供申报材料
规划意见书	□已提供	□待提供	□我院提供申报材料
审定设计方案通知书	□已提供	□待提供	□我院提供申报材料
其他文件	□暂无	□有以下文件（列出名称）：	

确认结论：□明确 □基本明确 □待进一步明确后方可进行设计
　　　　　□其他确认意见：

确认人（设计主持人/项目负责人）：　　　专业所领导：　　　　　　年　月　日

2. 初步/扩初设计确认阶段已取得项目批准文件或依据性文件

设计单位审定/审核人确认		□已确认	□待确认
建设单位确认函	□已提供	□待提供	□我院提供申报材料
消防审查意见函	□已提供	□待提供	□我院提供申报材料
人防审查意见函	□已提供	□待提供	□我院提供申报材料
其他文件	□暂无	□有以下文件（列出名称）：	

确认结论：□明确 □基本明确 □待进一步明确后方可进行设计
　　　　　□其他确认意见：

确认人（设计主持人/项目负责人）：　　　专业所领导：　　　　　　年　月　日

3. 施工图设计确认阶段已取得项目批准文件或依据性文件

设计单位审定/审核人确认		□已确认	□待确认
施工图审查单位意见函	□已提供	□待提供	□我院提供申报材料
施工单位交底记录	□已提供	□待提供	□我院提供申报材料
其他文件	□暂无	□有以下文件（列出名称）：	

确认结论：□明确 □基本明确 □待进一步明确后方可进行设计
　　　　　□其他确认意见：

确认人（设计主持人/项目负责人）：　　　专业所领导：　　　　　　年　月　日

参 考 文 献

[1] 刘国余. 设计管理 [M]. 上海：上海交通大学出版社，2007.

[2] 刘涛瑞. 房地产项目设计管理模式探析 [D]. 北京：北京交通大学，2009.

[3] 方媛. 设计院多项目设计进度管理研究 [D]. 西安：西安建筑科技大学，2006.

[4] 胡文发. 常用工程管理方式的对比分析 [J]. 基建优化，2002 (6)：12-14.

[5] 高现勇. 论工程项目管理的发展趋势及对策 [J]. 沿海企业与科技，2005 (9)：57-63.

[6] 何伯森. 国际上工程项目的管理模式及其风险分析 [J]. 工程建设项目管理与总承包，2006，15 (2)：20-31.

[7] 赵涛. 项目范围管理 [M]. 北京：中国纺织出版社，2004.

[8] 于雪梅. 强化项目管理，提高设计管理水平 [J]. 石化技术，2003 (3)：65-68.

[9] 成虎. 工程项目管理 [M]. 北京：中国建筑工业出版社，2001.

[10] 丁士昭. 工程项目管理 [M]. 北京：中国建筑工业出版，2006.

[11] 李瑞. 建设项目设计管理的研究 [D] 重庆：重庆大学，2008.

[12] 李安福，曾政祥，吴晓明. 浅析国内倾斜摄影技术的发展 [J]. 测绘与空间地理信息，2014，37 (9)：57-59＋62.

[13] 杨国东，王民水. 倾斜摄影测量技术应用及展望 [J]. 测绘与空间地理信息，2016，39 (1)：13-15＋18.

[14] 刘明皓. 地理信息系统导论 [M]. 重庆：重庆大学出版社，2009.

[15] 毕天平，佟琳，高振东等. 基于 BIM 与 3DGIS 的城建信息化平台构建研究 [J]. 计算机应用与软件，2019，36 (8)：21-24.

[16] 史逸. 旧建筑物适应性再利用研究与策略 [D]. 北京：清华大学，2002.

[17] 苗阳. 我国城市建筑更新的相关因素分析 [J]. 同济大学学报（社会科学版），2000 (S1)：37-40.

[18] 刘雪可. 基于 BIM 的既有建筑改造管理研究 [D]. 徐州：中国矿业大学，2019.